S. Fischer-Fabian
LACHEN OHNE GRENZEN

S. Fischer-Fabian

LACHEN OHNE GRENZEN

Der Humor der Europäer

Gustav Lübbe Verlag

Dieses Buch erschien erstmals 1972
im Verlag Ullstein GmbH, Berlin, Frankfurt/Main, Wien,
unter dem Titel *Europa kann lachen.*

Völlig überarbeitete und erweiterte Neuausgabe
© 1992 by Gustav Lübbe Verlag GmbH,
Bergisch Gladbach
Umschlaggestaltung: Roland Winkler, Bergisch Gladbach,
unter Verwendung einer Karikatur von Walter Hanel
Satz: Dörlemann-Satz, Lemförde
Gesetzt aus der Baskerville Book von Berthold
Druck und Einband: Friedrich Pustet, Regensburg

Printed in Germany
ISBN 3-7857-0644-8

1. Auflage August 1992
2. Auflage September 1992

»Vor allen Dingen müssen wir Europa lieben. Hier
dröhnt das Gelächter eines Rabelais, hier leuchtet das
Lächeln des Erasmus, hier sprüht der Witz eines
Voltaire.«

Salvador de Madariaga y Rojo

INHALT

Ein Wort zuvor . . .

9

Die Engländer

oder

Die Kunst, sich auf den Arm zu nehmen

15

Die Österreicher

oder

Da kamma nix machen

38

Die Schweizer

oder

Haben sie überhaupt welchen?

67

Die Franzosen

oder

Die Ballade vom Gehörnten

86

Die Schotten
oder
Die Mär vom Geiz
109

Die Leute von der GUS
oder
Verlernt das Lachen nicht
125

Die Italiener
oder
Armer Bajazzo
157

Die Deutschen
oder
Manchmal lacht auch Germanien
179

Die Juden
oder
Des Witzes Krönung
215

Verzeichnis der
Quellen und Abbildungen
239

Ein Engländer, der geschäftlich in Palermo weilte, war am Abend vor dem Abschluß seiner Geschäfte bei sizilianischen Kaufleuten eingeladen. Man sprach einem hervorragenden Corvo di Casteldaccia zu, wurde fröhlich, und der Brite erwähnte schließlich, daß er kürzlich in London einen köstlichen Witz gehört habe.

Er möge ihn erzählen.

Also: In einem Pub erscheint ein Gaul, lümmelt sich an die Theke, bestellt einen doppelten Whisky, kippt ihn runter und geht wieder. Fassungslos starren die anderen Gäste den Wirt an. Der zuckt mit den Achseln und sagt: »Das ist eben das Problem. Mal zahlt er, mal zahlt er nicht.«

Der Engländer schaute in die Runde, wiederholte die Pointe unter stoßweisem Lachen: »Mal zahlt er, mal zahlt er nicht.« Aber niemand lachte mit. Die Herren warfen sich verstohlene Blicke zu, beobachteten ihren Gast von der Seite, führten das Gespräch noch eine Weile in bemühter Höflichkeit weiter und hoben die Tafel schließlich auf. Zu einem Geschäftsabschluß ist es übrigens nicht gekommen. Wer über derart verschrobene, ja beinahe perverse Dinge lache, kann kein guter Partner sein.

Beispiel Numero zwei. »Ein Mann betritt die Drogerie«, erzählte der junge Franzose, den Sir Henry als Gast mit in seinen Londoner Club genommen hat – die Stimmung ist bereits ziemlich whiskyhaltig –, »und verlangt ein Päckchen Kondome. Aber schwarz müßten sie sein, tiefschwarz. Den verwunderten Blick des Verkäufers erwidert er mit brüchiger Stimme: ›Wissen Sie, meine Frau ist vergangene Woche gestorben, und meine Freundin meint, daß wir . . .‹ «

Das Schweigen der an der Bar versammelten Clubmitglieder soll so eisig gewesen sein, daß die Gläser beschlugen.

In Paris trat in den zwanziger Jahren – und das wäre das dritte Beispiel – ein Mensch auf, der, angetan mit einem betreßten Waffenrock und langen Stiefeln, eine dünne Reitgerte in der Rechten, sein Publikum derart gut unterhielt, daß bei jeder Vorstellung einige Leute in Ohnmacht fielen – vor Lachen. Auf dem Programmzettel stand hinter seinem Namen, so wie bei anderen Künstlern des Hauses Equilibrist, Jongleur oder Zauberer, die Bezeichnung *Petomane. Le pet* heißt im Französischen der Furz. Ein Petomane war also jemand, dem es mit Hilfe seiner hinteren Leibesöffnung gelang, Töne unterschiedlicher Länge, Stärke und Klangfarbe zu erzeugen, ja zu kleinen Melodien zusammenzufügen.

»Seine Nummer war von so drastischer Art«, schreibt Augen- und Ohrenzeuge Marcel Pagnol, berühmter Komödienschreiber aus der Provence, »daß es unmöglich scheint, sie hier detailliert zu beschreiben. Fest steht, daß außerhalb der lateinischen Länder der Petomane kaum jemanden zum Lachen gebracht hätte. Bestimmt wäre ihm das Publikum schon beim ersten Ton an den Kragen gegangen.«[1]*

Drei Beispiele, die zeigen, wie anders man doch woanders in Europa lacht. Schon in Deutschland stoßen ja hamburgische Döntjes mit Klein Erna auf tiefes Unverständnis in Bayern, und sächsische Witze zünden im Badischen nicht. Im zukünftigen europäischen Haus wird es also aus jeder Wohnung anders schallen, das Gelächter. Nichts wäre auch öder, wenn sich Einheit zur Gleichmacherei entwickelte und all das unkenntlich machte, was die einzelnen Vaterländer so köstlich erscheinen läßt.

»Sage mir, worüber du lachst, und ich werde dir sagen, woher du kommst.« – Dieses Wort wird weiterhin seine Gültigkeit bewahren.

Was in neun Kapiteln bewiesen werden soll. In deren Mittelpunkt Sandy MacTavish steht und Mademoiselle Dupont, Klaus-Dieter und Sir Henry, Naftali Katzenstain und Herr Gyggeli, der Genosse Iwan Iwanowitsch und Signor Bracciolini, der Witlaschil Josef und so fort.

Sie alle sind jener eigentümlichen Atmungsbewegung ausgeliefert, bei welcher die Ausatmung in mehreren schnell hintereinanderfolgenden Stößen unter mehr oder weniger starkem Schall ausgeführt wird, verbunden mit einer Zusammenziehung der mimischen Gesichtsmuskeln, welche im wesentlichen auf eine Verbreiterung der Mundspalte und Hebung der Mundwinkel hinausläuft.

---

* Die Anmerkungsziffern im Text verweisen auf Buchtitel im Quellenverzeichnis (S. 239 f.).

Risus ist gewöhnlich ein unwillkürlicher Akt, wobei ein durch die Empfindungsnerven dem Gehirn überlieferter Reiz dadurch ausgeglichen wird, daß er sich auf die in Kontraktion versetzten Muskeln überträgt.

Risus heißt auf lateinisch das Lachen, und wem es durch diese Definition noch nicht vergangen ist, der hat Humor.

Doch Spaß beiseite (eine Formulierung, die es übrigens nur im Deutschen geben soll), die Gelotologen, wie die Lachforscher sich nennen, haben noch etwas anderes festgestellt: Der beschriebene physische Vorgang regt die Herztätigkeit an, versorgt die Lunge mit Sauerstoff und fördert das Immunsystem. Das Zwerchfell beginnt so stark zu schwingen, daß dadurch einige innere Organe förmlich massiert werden.

»Schließlich konnte auch festgestellt werden«, schreibt Lachforscher Michael Titze, »daß es im Gehirn lachender Menschen zur Ausschüttung eines ganz besonderen Hormons kommt; es ist dies das noch gar nicht so lange bekannte Endorphin, das in seiner Wirkung dem Morphium gleichkommt, also luststeigernd wirkt, Schwermut beseitigt und Schmerzen abbaut.«[2]

Die alten Volksweisheiten, wonach Lachen gesund und die beste Medizin sei, wurden damit endlich einmal wissenschaftlich bestätigt. Warum also wird, angesichts einer derart günstigen therapeutischen Wirkung, in Mitteleuropa immer weniger gelacht? Es sei in den letzten Jahren geradezu verlernt worden, resümierten Demoskopen nach einer europaweiten Umfrage. Sollte man ihnen glauben, wäre es an der Zeit, dagegen etwas zu tun. Europa zu materiellem Wohlstand zu verhelfen ist gewiß des Schweißes der Edlen wert. Nicht ganz unwichtig aber wäre es, den Kontinent gelophil zu machen.

Gelos kommt aus dem Griechischen und heißt *lachen*; *philos* bedeutet *freundlich, Freund*. Wer gelophil ist, neigt also zum Lachen, er lacht gern.

Gelophile aller Länder vereinigt euch, heißt demnach die Devise. Der Gemeinsame Markt des Humors, wo nicht Waren gehandelt werden, sondern Witze, wo man sich über Pointen streitet statt über nationale Prinzipien. Wie sympathisch wäre das. Grenzenloses Gelächter, ließe sich Schöneres denken?

Doch. Nämlich daß es jemals dazu kommen werde. Und nicht so, wie es sich beim abendlichen Spesenumtrunk Brüsseler EG-Kommissare darstellt, die gerade bis zur Erschöpfung darüber beraten haben, wieviel Hartgrieß Spaghetti enthalten müßten, ob Butter in bestimmten Zusammensetzungen noch Butter heißen dürfe und nicht europäisches Streichfett oder wie grün/violett Spargelköpfe der Handelsklasse römisch eins leuchten dürfen.

»Wie stellt ihr euch eigentlich die Hölle vor?« fragte irgendwann irgendeiner nach der sechsten Flasche Euro-Wein. Im Morgengrauen wußten sie es.

Also, in der Hölle agiert ein Engländer als Chefkoch, leitet ein Russe die Entzugsabteilung für rückfällige Alkoholiker, steht ein Franzose dem Umweltschutz vor, organisiert ein Deutscher die fröhlichen Abende, bekämpft ein Italiener das organisierte Verbrechen, kommandiert ein Grieche die Armee – und ein Spanier koordiniert das Ganze. (Die Engländer allerdings stellen sich die Hölle ganz anders vor. Was in *ihrem* Kapitel nachzulesen wäre.)

PS Der geneigte Leser wird vielleicht die Carlsons ver-
missen, die Søderstrøms und Werenskiolds, den Señor
Juan Pérez, auch Nikos Mathadopoulos und Mijnheer
van Ruisbroeck, Stanislas Szczypczyk, Istvan Ferency
und noch so einige aus anderen schönen Gegenden
unseres Kontinents. Was keineswegs heißen soll, daß es
dort nichts zu lachen gebe. Doch unsere Studien streben
keine Vollständigkeit an.

Und: Morgen ist auch noch ein Tag.

DIE ENGLÄNDER
oder
Die Kunst, sich auf den Arm zu nehmen

Nichts hatte den Frauenmörder sonderlich erschüttern können, der da vor den Schranken des Kriminalgerichts in Old Bailey stand. Weder die Vorlesung der Anklage noch das empörte Gemurmel des Publikums, noch die Aussagen der einzelnen Zeugen. Die minutiöse Schilderung, wie er sein letztes Opfer im Keller zersägt hatte, schien ihn zu amüsieren. Ausdrücke von seiten des Vertreters der Nebenkläger wie »entmenschte Bestie« oder »gefühlsrohes Subjekt« glitten an ihm ab wie Regentropfen von einem Mackintosh. Für die Angehörigen seiner unmündigen Opfer hatte er keinen Blick übrig.

Nur einmal verließ ihn seine (selbstverständlich typisch englische) Reserviertheit. Und das war, als ein ältliches Fräulein (das ihn als die Besitzerin eines Tabakwarengeschäftes jahrelang bedient hatte) ihre Aussage machte.

Mrs. Cynthia P. sagte, daß sie sich kein endgültiges Urteil anmaßen wolle, doch könne sie eines sagen, und das sei: »Ich hatte immer den Eindruck, daß Mr. K. ein humorloser Mensch ist.«

Hier sprang Mr. K., der Angeklagte, auf, hämmerte mit den Fäusten auf die Barriere und schrie, krebsrot im Gesicht: »Das ist nicht wahr!«

Mr. A. P. Herbert, von Beruf Engländer und Humorist dazu, bemerkt hierzu: »Es ist wahr, daß wir außerordentlich stolz auf das sind, was wir den britischen ›sense of humor‹ nennen. Sie können einem Engländer vorwerfen, daß er unmoralisch ist, daß er keine Ahnung von Busineß hat, es wird ihn nicht im mindesten irritieren. Wenn Sie ihm aber vorwerfen, daß er keinen Sinn für Humor hat, wird er Sie k. o. schlagen.«[3]

Was den Humor betrifft, seinen Humor, versteht der Engländer also nicht den geringsten Spaß. Gereizte Reaktion: »Was, ich soll humorlos sein? Na, das wäre doch gelacht!«

Wer in dieser Haltung eine gewisse Humorlosigkeit zu erkennen glaubt, dem fehlt offensichtlich jeder Humor. Aber dem Foreigner, dem Alien, dem Mann vom Kontinent, fehlt er sowieso. Er hat keinen, oder doch nur Spuren davon. Was dem Faß den Boden ausschlägt: geschlagen von den Göttern, nicht als Engländer geboren worden zu sein, nun auch das noch!

Die distinguierte englische Lady, der ich, beim Tee in ihrem Landhaus in Maidenhead, die Geschichte von dem Frauenmörder erzählte, sagte, nach einer kurzen Sekunde des Nachdenkens: »Ich glaube, ich habe davon gehört. Und ich fürchte, daß der Bursche mit fünfzehn Jahren davongekommen wäre. Wenn nicht diese scheußliche Sache ans Tageslicht gekommen wäre.«

Die »scheußliche Sache«, seine Humorlosigkeit, das war's. Die zwei, drei zersägten Fräuleins, nun ja, auch nicht sehr fein, aber schließlich und endlich doch zu verzeihen . . .

»Der Engländer . . ., der der Humorlosigkeit beschuldigt wird, fühlt sich nicht für voll genommen. Er empfindet Humorlosigkeit als einen geistigen Mangel, fast als eine Art Schwachsinn. Wie der Schwachsinnige kommt der Humorlose mit dem Leben nicht zurecht. Und wenn es etwas gibt, worauf der Engländer stolz ist, dann auf seine Fähigkeit, mit dem Leben zurechtzukommen, die ›praktischen Probleme‹ des Lebens zu verstehen und zu meistern.«[4]

Wenn zum Beispiel ein Haus brennt, so ist es ein Problem, mit dem es fertig zu werden gilt. Jenes Home, das ja bekanntlich des Engländers Castle ist, brennt also, Balken stürzen, Funken sprühen, alles rennet, rettet, nur der Hausherr rennet und rettet nicht. Er sitzt auf einem Sessel, liest in der *Times*, hinter ihm steht die Mama, hat einen Arm um die Schultern eines trotzig dreinblickenden Jungen gelegt und spricht den klassischen Satz: »Sag dem Vater, daß du es nie wieder tun willst.«

Diese Karikatur ging damals durch viele Zeitungen Großbritanniens und fand den ungeteilten Beifall aller, die britisch waren. Sie erkannten sich wieder: in dem *Times*-Leser, der sich gelassen sagt, daß, da ohnehin nichts mehr zu retten ist, man ebensogut Zeitung lesen kann; in der Mutter, deren wichtigstes Anliegen in diesem Augenblick die Beschwichtigung des Vaters ist, weil sie in einem Land lebt, in dem die Frau alle Rechte hat und nur der Mann etwas gilt; in dem Jungen, der sich einfach alles erlauben kann, weil die Eltern die Erziehung grundsätzlich einem Internat überlassen, und so weit ist er noch nicht.

Problematisch ist es auch, wenn man im Speisesaal erster Klasse eines Luxusdampfers plötzlich merkt, daß einem die Schuhe ein bißchen feucht werden, was im Grunde nichts weiter zu bedeuten hat, als daß der Luxusdampfer im Begriff ist, ein bißchen unterzugehen. Die Kapelle aber spielt weiter, und die Damen und Herren speisen weiter, plaudernd im Small talk, und das Wasser steigt langsam bis zu den Knien, und die Ladies und Gentlemen plaudern immer noch heiter weiter. Und so weiter . . .

»Die haben vielleicht Humor«, denkt sich der Betrachter dieser Karikatur unwillkürlich. Und er trifft's damit. Zum Humor der Engländer gehört a priori die Gelassenheit. Jene durch nichts zu erschütternde Seelenlage, die sich in dem Wort des Delinquenten, der am Montag zur Hinrichtung geführt wird, am eindeutigsten zeigt. Der Mann schaut seinen Henker an und meint: »Die Woche fängt gut an.«

»Die Bedeutung des Humors im englischen Leben«, schreibt Rudolf Walter Leonhardt, »kann gar nicht überschätzt werden. Mit Humor werden Klassengrenzen verwischt, wird Parteienhader gemildert. Humor nimmt auch den schärfsten Auseinandersetzungen ihre Spitzen und Kanten. Aus dem Humor gewinnt selbst die kühlste Reserviertheit noch Wärme. Mit Humor lassen sich Tabus überspielen. Wer Humor hat, kann in England nie ganz unglücklich sein, denn er findet überall Gleichgesinnte . . .

An den englischen Universitäten bleibt eine Vorlesung unbesucht, wenn der Vortragende es nicht versteht, die höchst ernsthafte Materie durch heitere Zwischenbemerkungen aufzulockern. Kein Redner, kein Parlamentarier, kein Richter, ja nicht einmal ein Pfarrer darf auf willige Zuhörer hoffen, wenn er seinem Thema nicht auch eine heitere Seite abgewinnen kann.«[5]

Das ist Musik in den Ohren all jener, die in einem

Lande leben, in dem, laut Kästner, das Lachen grundsätzlich an der Garderobe abgegeben wird. In Deutschland. In Deutschland prüft der gleiche Professor sein Vorlesungsmanuskript noch einmal gründlich, ob sich nicht eine heitere Zwischenbemerkung eingeschlichen hat. Denn: Witze machen Wissenschaftler unseriös.

Unseren Literarhistorikern ist es peinlich, daß Goethe außer dem *Faust* auch die deftige Posse vom *Jahrmarktsfest von Plunderssweilern* unterlief. Die Engländer sind erleichtert, daß Shakespeare neben dem *Hamlet* noch die *Lustigen Weiber von Windsor* auf dem Gewissen hat. That's the little difference, der berühmte kleine Unterschied.

Und so stört's den mit Humor gesegneten Inselbriten am meisten, daß wir armen Kontinentalen keinen haben. Stören aber ist hier bereits Overstatement, Übertreibung, wozu er ja bekanntlich nicht neigt. Unangenehme Eigenschaften der Europäer können den Trueborn-Englishman nicht irritieren, weil er sie für selbstverständlich hält.

Ein »foreigner« ist für den Engländer etwa so unangenehm wie für den Bayern der Zuagroaste. Was etwas heißen will. Man nennt ihn auch einen »alien«, den foreigner. Fragt man einen Engländer nach der Bedeutung dieses Wortes, so wird er höflich antworten, daß »alien subjects« halt »ausländische Staatsbürger« seien.

Wer sich nicht damit begnügt und im Wörterbuch nachschlägt, wird erst einmal tief durchatmen müssen; »alien«, steht da »1. fremd, ausländisch; 2. andersartig, fernliegend; 3. zuwider, unsympathisch; alienist – Irrenarzt; mental alien – Geistesgestörter.«

Die Herren David Frost vom BBC und Antony Jay

vom *New Statesman* bekennen denn auch in fröhlicher Unverfrorenheit: »Schon in frühester Jugend lernen wir, daß auf dem europäischen Kontinent vornehmlich Schurken und Irre leben, die im Laufe der Geschichte ihre Zeit hauptsächlich damit verbrachten, vor unseren Heeren und unseren Flotten die Flucht zu ergreifen. Natürlich gibt es auch ein paar Ausnahmen. Maurice Chevalier ist durchaus akzeptabel, und Inspektor Maigret ist auch kein übler Kerl. Aber insgesamt sind die Kontinentaleuropäer politisch unzuverlässig. Sie neigen zu Faschismus und Kommunismus, wechseln allmonatlich mehrmals ihre Regierungen, haben ihre Monarchen entweder mit brutaler Gewalt verjagt, oder lassen sie, wenn sie sich noch eine königliche Familie leisten können, auf Fahrrädern umherstrampeln ...

Einige Idealisten propagierten Ferienreisen auf den Kontinent in der Hoffnung, dadurch unsere Sympathien für die Länder des Festlandes wecken zu können. Dieser Versuch war ein kläglicher Fehlschlag. Im Gegenteil, die Ablehnung wurde nur noch ärger. Wer sich über den Kanal wagte, kehrte mit entmutigenden Berichten über das Treiben der Festlandeuropäer zurück. Sie fahren auf der falschen Straßenseite, ihr Geld ist aus klapprigem Blech oder schmutzigen, wertlosen Papierfetzen hergestellt, und sie benutzen völlig unverständliche Maße und Gewichte ... Die ärgste Hölle, die sich ein Engländer vorstellen kann, wäre ein Ort, an dem die Deutschen die Polizeigewalt ausüben, die Schweden die Schauspieler sind, die Italiener für die Verteidigung verantwortlich zeichnen, die Franzosen Straßen bauen, die Belgier sich als Popsänger betätigen, die Spanier das Eisenbahnpersonal stellen, Türken in der Küche werken, Iren als Ober fungieren, Griechen regieren und Holländisch gesprochen werden muß.«[6]

Der Engländer selber ist nie Ausländer. Selbst dann nicht, wenn er im Ausland ist. Es ist deshalb nur konsequent, wenn Mrs. Mabel Paddington bei einem Vorkriegsbesuch in Berlin dem Hotelportier, der sie um die Ausfüllung eines Anmeldebogens bittet, da sie ja Ausländerin sei, mit den Worten entgegentritt: »But I am not a foreigner. I am English.«

Das Nonplusultra auf dem Gebiete »England, England über alles« bleibt immer noch jene Schlagzeile, die die *Times* einmal brachte, als die Schiffe den Kanal wegen Nebels nicht überqueren konnten. Sie lautete: »KONTINENT ABGESCHNITTEN.«

Der Engländer amüsiert sich über solche Leistungen genauso wie wir. Nur ist sein Lachen nicht vom Kopfschütteln begleitet wie das unsere, sondern von Wohlgefallen, ja Selbstgefallen. Er gefällt sich so sehr, daß ihm selbst Dinge gefallen, die jedem Kontinentalen in England am meisten mißfallen: die Liebe nämlich und das Essen.

Ich persönlich lernte die Küche Englands kennen, als einem Chefredakteur ein Einfall widerfuhr. »Fahren Sie«, so sprach er, »durch Europa. Berichten Sie über die berühmtesten Schlemmerrestaurants.« Ich fuhr und berichtete. Über Oskar Davidsens Smørrebrod-Palast zu Kopenhagen, über die »Tour d'argent« in Paris, über das »Ritz« in Berlin und über den »Stallmästaregarden« in Stockholm, über das Inselrestaurant »Walhalla« vor der Küste Finnlands und über den Süllberg bei Hamburg.

»England fehlt noch«, machte ich den Chefredakteur

während einer kurzen Erholungspause, die ich meinen Magenwänden gönnen mußte, aufmerksam und erhielt zur Antwort: »Wenn Sie unbedingt die Auflage senken wollen . . .«

Ich durfte trotzdem und landete in einem originellen Restaurant in der Londoner Bakerstreet. Als ersten Gang bestellte ich die Spezialität des Hauses, eine Wildpastete mit Kartoffelbrei. Sie wurde auf der Speisekarte mit den Worten angepriesen: »Eaten and enjoyed by the nobility and gentry for over hundred years.« Vielleicht lag es daran, daß ich bürgerlich war, jedenfalls lag mir das unter zäher Teigkruste verborgene, noch zähere Fleisch bald schwer im Magen. Und angesichts der Saucière fiel mir der alte Witz ein, wonach der Kellner den Gast fragte: »Wünschen Sie ein Stückchen Sauce oder zwei Stückchen Sauce?«

»Very filling, is'nt it?« fragte mich der Wirt leutselig, dann machte er ein geheimnisvolles Gesicht und servierte nach einer halben Stunde einen Hummer. Ich fand es nicht gerade sehr originell und wollte gerade mein Befremden äußern, als ich etwas ganz und gar Ungeheuerliches entdeckte: Man hatte den Hummer in eine dicke Käseschicht gehüllt.

Die Speisekarte feierte ihn dessenungeachtet als »eine mundwässernde Melodie«, als »ein delikates Duett für zwei Gourmets«. Mein Wirt meinte, daß Edward VII. ihn regelmäßig zu sich genommen habe, bevor er Lily Langtry, seine Geliebte, besucht habe – mir half es nichts, pardon, will sagen: Lily-Langtry schmeckte so wie Hummer in Käse eben schmecken muß.

Ich beruhigte mich erst wieder, als ich von einem mit Haß-Liebe gegenüber allem Britischen zutiefst durchdrungenen Franzosen hörte, daß es auf kulinarischem Gebiet in England kein Sakrileg gebe.

»Sie können zu einem Hummer à l'américaine einen Icecream-Soda trinken«, sagte er, »Milchkaffee zu Austern, Coca Cola zu Rebhühnern und Beaujolais zu gebackener Seezunge . . ., und es ist nicht selten, daß man Ihnen unter dem Vorwand, er müsse chambriert sein, einen dampfenden Bordeaux vorsetzt.«[7]

Der Engländer lebt eben nicht, wie beispielsweise der Franzose, um zu essen, er ißt, um zu leben. Geht er einmal aus, um richtig zu schlemmen, was nur in einem der zahlreichen ausländischen Restaurants möglich ist, gerät er unweigerlich in Gewissensnöte. Das Erbe des lebensfeindlichen Puritanismus in sich und den mit den Köstlichkeiten der Haute cuisine gefüllten Teller vor sich, kommt er jedoch flugs auf einen genialen Ausweg: Er macht ein möglichst gleichgültiges, ja zum Teil angewidertes Gesicht.

Damit gesellt er dem Genuß sofort die Reue bei und nicht erst danach, er gleicht dem Sünder, der sich bereits während der Freveltat geißelt.

Womit uns mit »Sünder« zumindest ein Stichwort geliefert wurde. Das Stichwort für das Thema »Liebesleben in England«.

Leider ist einem witzigen Kopf zu diesem Thema ein Bonmot eingefallen, das das Thema sofort wieder beendet. Es lautet: »Die Engländer haben kein Liebesleben, sie haben Wärmflaschen.«

Wenn man nun noch hört, daß das englische Wort für »Jugendliebe« – nach Meinung hoffnungslos romantischer Mitteleuropäer die schönste aller Lieben überhaupt –, daß dieses Wort calflove heißt, Kälberliebe, dann . . ., also dann braucht man nur noch den in den Londoner *Evening News* veröffentlichten Bericht über eine Ehescheidung zu lesen. Dort heißt es[8]:

»Vor Gericht sagte die Frau aus, sie habe, nachdem sie ihrem Gatten den Fehltritt mit einem Eisverkäufer gebeichtet hatte, diesem einen Brief geschrieben, in dem sie ihm den Abbruch ihrer Beziehungen mitteilte. Danach habe sie den Brief ihrem Ehemann übergeben, der ihn dem Adressaten brachte, ihm die Hand schüttelte und mit zwei Six-Penny-Eistüten zurückkam.«

Auf weit schlimmere Art wurden die romantischen Illusionen einer anderen Ehefrau zerstört. Sie behauptete vor dem Scheidungsrichter, das Schwinden der Liebe ihres Gatten sei ihr erstmals bewußt geworden, als er sie nicht mehr traf, wenn er etwas nach ihr warf. Der Richter hielt jedoch die Tatsache für weit aufschlußreicher, daß der Ehemann seit kurzem die Gewohnheit aufgegeben hatte, während des Geschlechtsverkehrs ihr Hochzeitsfoto zu betrachten, was sie stets als einen Beweis seiner innigen Verbundenheit mit ihr angesehen hatte. »Manchmal tut er das eine, manchmal das andere, aber nie mehr beides gleichzeitig – und das erschüttert mich zutiefst.« Das mitfühlende Gericht sprach den Ehemann schuldig.

Schlägt man jedoch den *Daily Telegraph* auf, könnte man wieder anderen Sinnes werden. Ein Artikel beschäftigt sich da mit neuartigen Elektro-Heizdecken und beginnt mit den Worten:

»Bekanntlich sind englische Betten immer feucht . . . Die Laken eines normalen britischen Ehebettes enthalten in einer durchschnittlichen Winternacht nachweisbar drei bis dreieinhalb Pints (1 pint = 0,568 l) Feuchte.

Wenn es möglich wäre, gleichzeitig die Laken von dreißig Millionen britischen Betten auszuwringen, könnte man mit der so erhaltenen Feuchtigkeit die Wasserversorgung einer Stadt wie Coventry für zwei Tage sicherstellen.

Wir brauchten 47 Minuten, um die Decke von der Schlafzimmertemperatur ($1-2^\circ$ C) auf gemütliche 9° C aufzuheizen.«[9]

Der anglo-amerikanische Humorist Sheperd Mead hat diesen Bericht wie folgt kommentiert:

»Jetzt überlegen Sie sich mal einen Moment in aller Ruhe, was das heißt: $1-2^\circ$ C und dazu 3 Pints Feuchtigkeit im Bett. Sie werden zugeben müssen, daß der britische Liebesdrang vor nichts haltmacht.

Was dort passieren wird, wenn sich geheizte Schlafzimmer und Elektrodecken je durchsetzen sollten, übersteigt selbst meine Vorstellungskraft.«

Bestimmt ist das alles wahnsinnig übertrieben. Aber daran sind die Engländer selbst schuld beziehungsweise ihr berühmt-berüchtigtes »Understatement«. Das heißt wörtlich nichts anderes als »zu niedrige Angabe«, »Untertreibung«. Man kann auch »Tiefstapelei« sagen. Wenn also ein verliebter Engländer angesichts eines schönen Mädchens befindet: »So widerlich finde ich die gar nicht«, so ist das ein Zeichen dafür, daß er bereits in eine Art Liebesraserei verfallen ist.

»Es handelt sich um die Tendenz, weniger zu sagen, als gemeint ist; eher knapp, gedämpft und farblos zu formulieren, als überschwenglich und mit Hilfe von Superlativen Gefühle auszudrücken oder Sachverhalte zu beschreiben. Diese Neigung ist an und für sich ein Zeichen der Zurückhaltung, der Vorsicht, des nüchternen Den-

26

kens und braucht keineswegs unbedingt komisch zu wirken. Sie bietet aber offensichtliche Möglichkeiten, komische Wirkungen dadurch zu erzielen, daß Gefühle, Ereignisse usw. von etwas hohem Pathos oder tiefer Tragik in unerwartet, vielleicht schockierend nüchterner Weise ausgedrückt oder geschildert werden, damit die erforderliche heiterkeitserregende Diskrepanz entsteht und zur Geltung kommt.«[10]

»We are not amused«, dieser Satz gehört zum Repertoire echten Understatements. Die Queen Victoria soll ihn von sich gegeben haben, als man ihr irgendeine besonders entsetzliche Nachricht übermittelte.

»We are not amused«, sagte ein Londoner, als während des deutschen »Blitzes« eine V2 sein Haus zerbröselte.

Solch trockene Gelassenheit zeichnet auf der ganzen Welt sonst nur noch einen Erdenbewohner aus, und das ist der Berliner. Es gibt da die Geschichte von dem Mann, der während eines Luftangriffes auf dem Örtchen überrascht wird, rasch noch an der bekannten Kette zieht, um sich im nächsten Moment im Gebüsch eines nahen Parkes wiederzufinden, wohin ihn die Druckwelle einer Explosion geweht. Der Mann stopft sich das Hemd wieder in die Hose und spricht den klassischen Satz: »Die Kette, da müssen wa och mal een kommen lassen.«

Höhepunkt aller Understatements aber bleibt das Erlebnis eines englischen Ehepaares während einer Überfahrt von England nach Amerika. Es ist Krieg, man sitzt eng gedrängt im Speisesaal des Passagierschiffes und läßt sich von einem Zauberkünstler die Angst vor den U-Booten vertreiben. Mr. und Mrs. Clark vergessen für einen Moment ihre Sorgen. Denn der Mann ist wirklich sehr gut. Er holt die bekannten Kaninchen reihenweise aus dem Zylinder, läßt seine Assistentin verschwinden, verschluckt Uhren, verwandelt Wasser in Kognak, läßt Blumen auf der kahlen Hand erblühen und sagt schließlich: »Ladies und Gentlemen, ich komme jetzt zu meiner Hauptattraktion . . .«

In diesem Moment läuft das Schiff auf eine Mine. Eine fürchterliche Explosion erfolgt. Mr. und Mrs. Clark finden sich auf einem im Atlantik treibenden Balken wieder. Mr. Clark schaut Mrs. Clark an und sagt: »Ich fürchte, er hat ein wenig übertrieben, Darling.«

Diese Geschichte findet sich auch in anderer Form. Und zwar sind die Hauptrollen darin von einem Affen und einem Papagei besetzt, die sich langweilen, bis der Affe ein neues Gesellschaftsspiel vorschlägt. Es erfolgt derselbe Ablauf: Mine, Explosion, Balken; nur der Kommentar des Papageis unterscheidet sich von dem Mr. Clarks. Er sagt: »Scheiß Spiel . . .«

Witze über Tiere sind ohnehin des Engländers Lieblingswitze. Jeder kennt den Mann, der am Trafalgar Square eine Taube kennenlernt und sie zum 5-Uhr-Tee in seine Wohnung lädt. Es wird halb sechs, sechs, die Frau des Hauses sagt: »Ich hab' ja gewußt, daß sie nicht kommt.« Um Viertel nach sechs klingelt es. Die Taube steht vor der Tür, etwas schuldbewußt wegen der Verspätung, versteht sich, schließlich sagt sie: »'zeihung, aber es war so schönes Wetter, da konnte ich der Versuchung nicht widerstehen, das Stück zu Fuß zu gehen.«

»Shaggy-dog-stories« heißen solche Geschichten jenseits des Kanals, Struppige-Hunde-Geschichten. Was, angesichts eines Papageis und eines Affen als Hauptpersonen, absurd ist. Aber Absurdität ist hier ja Trumpf. Das Prinzip ist: an einer Ungeheuerlichkeit nichts ungeheuerlich zu finden, dafür aber von einem ganz unbedeutenden Nebenereignis befremdet zu erscheinen.

So sagt der Wirt zu dem Fremden, der sich maßlos darüber verwundert, daß einer der Stammgäste die Zimmerdecke entlangläuft, an der Wand heruntersteigt, einen Whisky trinkt und die Kneipe auf demselben Weg wieder verläßt: »Also wir wundern uns schon lange nicht mehr, daß er nie guten Abend sagt.«

In einem anderen Pub erscheint ein Mann mit einem Goldhamster und einer Dogge und setzt sich mit ihnen an die Bar. Hund und Hamster bestellen sich zwei Pinten Ale und unterhalten sich über das bekanntermaßen schlechte englische Wetter.

»Intelligente Kerlchen«, meint mit versagender Stimme der Wirt und läßt vor Grauen ein Glas fallen.

»So intelligent auch wieder nicht«, sagt der Besitzer. »Ist nämlich ein kleiner Trick dabei, müssen Sie wissen.« Und während er sich vertraulich über die Theke beugt, flüstert er: »Der Hamster kann natürlich überhaupt nicht sprechen – der Hund ist ein Bauchredner.«

Hier färbt sich der Humor langsam schwarz. Und während viele Kontinentler im Augenblick der Pointe ein schmerzliches »Aua« von sich geben, kann der Brite sich darüber ausschütten vor Lachen. Er liebt jede Art von Nonsens, was man wohl am besten mit »höherer Blödsinn« übersetzt. Der Nonsens ist ihm Erholung, Flucht aus der dürren Welt der Logik, er ist ihm Jungbrunnen und Waffe zugleich, Waffe gegen die platten Aufklärer, gegen die Verfechter des Common sense, der schrecklichen Vernunft, gegen die Leute, für die zwei mal zwei stets vier ist, die nie begreifen werden, daß es manchmal auch fünf sein kann.

Der Hang zum höheren Blödsinn geht quer durch die Klassen. Unter seinen Anhängern finden sich berühmte Leute. Selbst Universitätsprofessoren kommen sich nicht zu komisch vor, diese Art von Humor ernst zu nehmen. Einigen von ihnen gelang es sogar, über den Nonsens ein Buch zu schreiben, ohne dem Nonsens dabei den Garaus zu machen.

Eric Patridge, Philologe, Autor des hochgeschätzten *Slang-Lexikons*, analysierte die Struppige-Hunde-Geschichte in einem Büchlein namens *The Shaggy Dog Story* mit den Methoden der Wissenschaft und mit den Methoden des Unsinns.

Der Volkswirtschaftler Stephen Butler Leacock bewies die Logik der Unlogik mit seinen *Nonsens Novels*. Und der Oxforder Mathematikprofessor Charles Lutwidge Dodgson schrieb unter dem Pseudonym Lewis Carroll den herrlich verrückten Bestseller von der *Alice im Wunderland*.

Vom Nonsens zum Limerick ist es nur ein Schritt. Ein Kapitel über den Humor Englands zu schreiben, ohne des Limericks Erwähnung zu tun, hieße eine Suppe ohne Salz servieren. Denn in diesem Fünfzeiler münden wie die Strahlen in einem Brennspiegel alle Elemente, die den britischen Humor ausmachen: Skurrilität, Blödsinn, Untertreibung, Wortspiel, Schwärze, Galgenhaftes, Sardonisch-Zynisches.

Woher er kommt, und wann er erstmals aufgetreten, der Limerick, darüber ist viel und sehr humorlos gestritten worden. Und auch darüber, warum er sich ausgerechnet von der westirischen Stadt Limerick seinen Namen lieh. »Will you come up to Limerick«, diesen Refrain hat man dort gesungen, wenn in fröhlicher Runde Stegreifgedichte gebastelt wurden. Also ähnlich, wie es bei unseren bayerischen Schnadahüpfln der Fall ist.

Fest steht, daß diese in Limerick gesungenen Limericks keine echten Limericks waren. Es bedurfte erst eines Mannes, der als Maler so erfolglos war wie als Dichter, um die im Volksmund bereits kursierenden echten Limericks literaturfähig zu machen. Er hieß Edward Lear und war von Natur so trist, wie das Produkt lustig war, das er schuf.

Edward Lear, einsam, melancholisch, verbittert, in der Welt rastlos umhergetrieben, hatte nur Kontakt zu Kindern. Und für Kinder, nämlich für die Enkel eines seiner adligen Gönner, schrieb er sein *Book of Nonsense*. Der dort konservierte Unsinn gab seinem Leben nachträglich den Sinn, den es zu Lebzeiten nicht gehabt hatte (eine Formulierung, die einen Limerick verdient hätte). Will sagen: Es wurde ein Bestseller, oder noch besser, ein Evergreen. Hier also haben wir das tröstliche Beispiel, daß auch Blödsinn unsterblich machen kann.

Ein Beispiel Learscher Limericks:

There was an old man with a beard,
who said, it is just as I feared!
Two owls and an hen,
Four larks and a wren,
Have all built their nests in my beard.

Limericks genießen wird nur der können, der des Englischen ein bißchen mächtig ist. Übersetzt man sie, so sterben sie dahin. Wie die Fische der Tropen, deren Farben verbleichen, wenn man sie an die Oberfläche geholt hat.

Es ist eben absolut banal, wenn man in Prosa von einem alten Mann berichtet, in dessen Bart sich allerlei Federvolk, Eulen, Hennen, Lerchen, ein Zaunkönig eingenistet, und der das schon immer befürchtet hat.

Man kann den Limerick natürlich auch in deutsche Verse gießen. Das sieht dann in unserem Fall so aus:

Einst sagte ein Mann mit 'nem Bart:
»Der Kauz hat sich wieder gepaart.
Manch ein Spatz kam geflogen
und ein Huhn zugezogen –
und all das in meinem Bart!«[11]

Aber man spürt: Auch hier ist das Beste weg. Die Blume duftet nicht mehr, ihr Hauch ist verweht, übrig bleibt ein künstliches Gebilde. Er erweckt nicht mehr jene Assoziationen, die das Original erweckt hat. Das Gemälde von Chagall, das einen Greis zeigt, in dessen Bart die Vögel nisten, es existiert nicht mehr!

Es gibt trotzdem ein paar gute deutsche Stücke, auf die die betreffenden Sammler mit Recht stolz sein können. Das sind die Limericks, die nicht übersetzt worden sind, sondern gleich auf deutsch produziert wurden. Einer der schönsten stammt von Carl Peiser aus den zwanziger Jahren:

Ein Knabe in – ich glaub: Tehuantepec –
Der lief auf der Bahn seiner Tante weg;
Sie lief hinterher,
Denn sie liebte ihn sehr
Und außerdem trug er ihr Handgepäck.

Und einer der frechsten ist von Hans Weigel:

Es lebte ein Mädchen aus Dingsda,
Die hatte Ichweißnichtwas links da;
Der Mann sah das klar
Erst vor dem Altar
Und stoppte das Wechseln des Rings da.[12]

Beide Limericks weisen die typischen Merkmale des
Klassikers auf – das fünfzeilige Reim-Schema aa bb a,
die überraschende Wendung in der letzten Zeile –, das
Unerwartete wird Ereignis und löst das Lachen aus.

In England gehörte das Schmieden eines Limericks
zum guten Ton. Professoren, Geistliche, Lehrer, die
Honoratioren des Bürgertums machten sich weekends
an die Arbeit, um am Montag früh den Kollegen im Amt
ihr mehr oder weniger gelungenes Exemplar vorzufüh-
ren. Selbst Dichter von Rang waren sich nicht zu schade,
bei einem Limerick einmal ein wenig auszuruhen vom
Höhenflug der Gedanken. Auf diese Art bescherte uns
Rudyard Kipling, der Schöpfer der Dschungelbücher,
seine »Dame aus Riga«:

There was a young lady of Riga,
Who rode with a smile on a tiger,
They returned from the ride

33

With the lady inside,
And the smile on the face of the tiger.

Kenner beklagen, daß, wie auf so vielen Gebieten, auch
beim Limerick ein Niedergang zu registrieren ist. Es
werden zwar noch genügend produziert, doch sind sie
auf das Niveau deutscher Wirtinnen-Verse herabgesun-
ken. Die gelungensten aus dieser neuen Gattung sind
deshalb nicht druckbar. Was die Herausgeber neuer
Limerick-Sammlungen stets lebhaft bedauern.

Kommen wir zu einem Kapitel, das in jedem Land
sich großer Beliebtheit erfreut. Es ist das des unfreiwilligen Humors. In England schlägt er sich vornehmlich
in Leserbriefen und in den Meldungen kleinerer und
kleinster Zeitungen nieder. Eine große Zeitschrift, der
wöchentlich erscheinende *New Statesman*, macht sich aus
dem Humor wider Willen einen Sport und ein Geschäft
dazu: Seine Leser senden ihm komische Zeitungsaus-
schnitte zu, der beste wird veröffentlicht und honoriert.

Sind genügend komische Ausschnitte zusammen, faßt
sie der *Statesman* in einem Büchlein zusammen. Auf diese
Art entsteht das Kaleidoskop eines Volkes, das sich
selbst als »das verrückteste der Erde« bezeichnet.

»This England« heißt die wöchentliche Rubrik in schöner Selbstironie. England-Experte Willy Haas sagt darüber: ». . . sie gibt England jede Woche einen kleinen
Ausschnitt seiner eigenen Originalität, seiner eigenen
Querköpfigkeit, seiner stillen Verrücktheit, seines naiven Selbstbewußtseins, seines Spleens, seines seltsamen
Kirchenglaubens, seiner angeborenen Güte zur Krea-
tur, seiner Verschlossenheit, seiner Offenheit, seines
bezaubernden kühlen wortlosen Taktes, seiner wohl-

34

erzogenen Hilfsbereitschaft . . .«[13] Wer in diesen Büchlein des *Statesman* blättert, wird bald eine Skala der verschiedensten Empfindungen durchgemacht haben. Sie führt von kopfschüttelndem Grinsen über fassungsloses Staunen bis zu brüllendem Gelächter. Dort gibt es in der Tat Dinge, die gibt es gar nicht. Und bald hat man seine Lieblinge, die man wieder und wieder liest. Ich darf gleich mit meinem Favoriten anfangen. Ein Leser berichtet:

»Der Ururgroßvater meiner Frau, einer der Gründer des Staates Victoria, wurde 1839 von australischen Eingeborenen gefressen. Auch einer meiner eigenen Vorfahren derselben Generation war der letzte Weiße, der zwischen 1840 und 1850 in Neuseeland von den Maoris gefressen wurde.« Allein das reicht schon, aber nun folgt der sagenhaft schöne Schlußsatz: »Zufällig war sein Bruder in dieser Zeit gerade Herausgeber des *Spectator*.«

Einen völlig neuen Aspekt und eine ungewöhnliche Variante des Aberglaubens zeigt folgende Meldung:

»Der Stadtrat mußte sich mit dem Problem auseinandersetzen, welche Farbe die Wände der neuen Bedürfnisanstalt haben sollten. Mrs. Davies schlug graugrün vor. Daraufhin erklärte Stadtrat A. F. Steel, daß viele Leute abergläubisch seien, und sagte allen Ernstes, daß sie die Lokalität nicht benutzen würden, falls die Wände grün wären.«

Daß der Engländer vornehmlich ins Praktische hin ausgerichtet ist und zur Kunst ein etwas prekäres Verhältnis hat, mag zwar eine Verallgemeinerung sein, das ändert aber in diesem Fall nichts an ihrer Gültigkeit. Sie sind amusisch, die Briten, aber ihre Kunstferne verbindet sich nie mit Intoleranz. Eine Begleiterscheinung, die beispielsweise in Deutschland selbstverständlich ist. Hierzulande wird gegen abstrakte Plastiken auf Schulhöfen, vor Rathäusern oder Fabriktoren oft handgreiflich vorgegangen. Wie erfrischend liest sich dagegen bei aller irrsinnigen Komik folgende Nachricht:

»Der Bildhauer Henry Moore wurde gebeten, in der ›Familiengruppe‹, die er gerade für Harlows Neustadt modelliert, keine Löcher zu lassen, in denen Kinder mit dem Kopf steckenbleiben könnten.«

Da ist die alte Dame, die die überraschende Entdeckkung gemacht hat, daß es ihren Hund freut, wenn sie seinen Schwanz für ihn wedelt.

Und der Rentner, der Abend für Abend die Laken bügelt, damit seine Frau ein warmes Bett vorfindet. »Während ich mich ausziehe«, schreibt die dankbare Gattin, »bügelt er meine Bettseite. Dann gehe ich zu Bett und bügle die seine.«

Ein Mr. Wade schreibt, daß ihn die Nudisten im nahe gelegenen FKK-Gelände überhaupt nicht störten. Denn: »Sie sind ja nicht alle völlig nackt. Die Kellnerinnen zum Beispiel tragen Armbinden, damit man sie von den anderen unterscheiden kann.«

Ein Gemütsmensch läßt folgende »Kleine Anzeige« veröffentlichen: »Tigerfell mit Kopf abzugeben. Rachen fürchterlich aufgerissen. Ideal für Kinderzimmer.«

Und Mrs. X., unter deren Hausdiele bei Reparaturarbeiten zwei Kinderskelette entdeckt wurden, bemerkt mit einem gewissen Recht: »Das hat man nun davon, wenn die Elektriker ins Haus kommen.«

Schließen wir mit einem Brief, der nicht im *New Statesman* veröffentlicht wurde, sondern im *Daily Mirror*, was seiner grausigen Schönheit keinen Abbruch tut:

»Dear Sir! Ich kannte eine Dame, die die Asche ihres verstorbenen Mannes nicht in einer Urne aufbewahrte, sondern in der Eieruhr. Nach dem Grund befragt, meinte sie: ›In seinem ganzen Leben hat er keinen Schlag für mich getan – soll er wenigstens jetzt mal ran.‹«

DIE ÖSTERREICHER
oder
Da kamma nix machen

D ie erste hautnahe Begegnung mit dem, was man
»So lacht Österreich« nennt, hatte ich vor etlichen
Jahren in den Ateliers auf dem Rosenhügel. Da machte
der amerikanische Filmschauspieler Richard Widmark
einen Film, und da er mit eigenem Geld daran beteiligt
war, mußte er ständig Milch trinken. Wegen seines
Magens. Auf den die Sorge um das eigene Geld sich
geschlagen hatte. Magenverstimmte sind auch sonst ver-
stimmt, und so feuerte der böse Richard mit Gegenständen – und den Regisseur.

Im Atelier herrschte eine Stimmung, als liege irgendwo
ein Blindgänger herum, von dem man nie weiß, wann er
hochgeht.

Achtung, Aufnahme, die Klappe fällt, die Kamera
läuft, Widmark lümmelt drehbuchgemäß mit Senta Ber-
ger auf einem Lotterbett herum, er zündet sich eine
Zigarette an und sagt . . ., aber dazu kommt er nicht
mehr, aus den Kulissen löst sich der Feuerwehrmann,
sieht Richard rauchen, geht auf ihn zu, nimmt ihm die
Zigarette aus dem Mund und tritt sie tot.

Begleitet wird diese Geste von dem in leicht melan-
cholischem Ton gebrachten Satz: »Küss d'Hand, Herr
von Widmark, aber da kamma nix machen.«

Das ist nun einmal »Feuerwehrmann-Stolz vor Star-

Thronen«: dem guten Manne ist es wurscht, wer da raucht, es ist halt verboten, und gegen dieses Verbot kann niemand was machen. Zum anderen verkleinert er das strafwürdige Delikt zu einem Vergehen, das menschlich ist, menschlich verständlich: wenn man halt so gern rauchen tut. Zum dritten erhebt er die zu tadelnde Person in den Adelsstand: Der Schuldige wird gleichsam freigesprochen.

In Preußen hätte der Feuerwehrmann höchstwahrscheinlich erst den Oberfeuerwehrmann gefragt, oder er hätte salutiert und auf die Bestimmungen hingewiesen. Bestenfalls hätte er so reagiert wie der Berliner Parkwächter, der Gerhart Hauptmann auf einer »Bürger-schützt-eure-Anlagen«-Rasenfläche erwischt und saugrob auf das Verbotsschild hinweist.

Hauptmann empört: »Ja, wissen Sie denn nicht, wer ich bin?«

Der Parkwächter: »Ick weeß, Sie sind Joethe, aber uff'n Rasen dürfen Se trotzdem nich'.«

Das ist bestimmt witziger als des Feuerwehrmanns »Küss d'Hand«, und der Bürgerstolz leuchtet auch hindurch, aber es ist gleichzeitig viel härter, herzloser und letztlich auch wirkungsloser. Läßt sich doch vermuten, daß der Dichter auf ein »Da kamma nix machen, Herr von Hauptmann« den Rasen gern geräumt hätte.

Das eben ist der Witz am Witz der Wiener: daß er aus der Güte kommt, aus der Weisheit, aus dem Weltverständnis einer uralten Kultur, die ihre Kinder gelehrt hat, daß die beste aller Nationen die Resig-Nation ist. (Wobei gleichzeitig alle nicht-viennensischen Österreicher um General-Pardon gebeten werden, wenn überwiegend von der Donaumetropole die Rede sein wird.)

Der Wiener ist also gar nicht einmal so »witzig«, er ist humorig. Das ist weit mehr. Und mehr als bei allen anderen deutschsprachigen Dialekten muß man ihn *hören*, um lachen zu können. Sieht man von den Graf-Bobby-Geschichten ab, so ist deshalb die Lektüre viennenser Witzbücher eine recht witzlose Angelegenheit. Es schmeckt nach Provinz, nach »guter alter Zeit«, mit einem Wort: Es schmeckt fad.

Wenn die wienerischen Originale den Mund auftun und ein Bonmot von sich geben, wird man bestenfalls schmunzeln, aber nie lachen, meist aber wird man das abträgliche Haha vor sich hin murmeln. Der Witz der Donaustadt braucht die Atmosphäre, den Hintergrund, die spezielle Situation, um wirken zu können. Es fehlt ihm die Schlagfertigkeit, das Schlagende des Berlinischen, die von jedem Hintergrund unabhängig machen.

Der Fiaker wird deshalb niemals dem Spreeathener Droschkenkutscher das Wasser reichen können, der Schusterbub ist kein Schusterjunge. Und Leute vom witzigen Schlage eines Fürstenberg, eines Papa Wrangel, einer Mutter Jräbert und einer Madame Dutitre sind der Donaustadt nicht entsprossen.

»In Berlin«, schrieb der Wortfabrikant und dunkle Ehrenmann Moritz Gottlieb Saphir in der Mitte des 19. Jahrhunderts, »werden nur vormittags Witze gemacht, in Wien nur nachmittags, denn die Berliner sind nur witzig, wenn sie hungrig sind, und die Wiener sind nur witzig, wenn sie satt sind. Der Wiener Witz kommt aus einem vollen Magen, der Berliner Witz aus einem hungrigen Magen, deshalb ist er auch ein beißender.«

Aus dem Behagen also kommt das Lachen in Wien, aus der Seele Wohlgefallen – und aus der Melancholie.

Was überhaupt kein Widerspruch ist. Denkt man daran, daß die großen Humoristen auch meist die großen
Pessimisten gewesen sind. Wilhelm Busch gehört dazu.
Und Karl Valentin. Und in Wien der Johann Nestroy
und der Ferdinand Raimund. Die beiden »lustigen Personen« mit der zerrissenen Seele und dem wunden Herzen. Ihre Humore erblühten aus tiefschwarzem Grund:
Es waren sozusagen Pessi-Mistbeet-Blüten.

Aber wie anders wäre echter Humor auch denkbar,
als daß er in der Melancholie wurzelt? »Wenn man
trotzdem lacht«, dieses Wort, das Wilhelm Busch zuge-
schoben wird, aber von dem Schlesier Otto Julius Bier-
baum stammt, ist ein Schlüsselwort.

Und eine Schlüsselfigur für den Humor Österreichs
ist der Liebe Augustin. Er lachte trotzdem, trotzdem ihn
die Siechknechte für tot hielten und ihn in eine Pest-
grube warfen. Dabei war er nur besoffen. Wieder erwacht, sang er, noch leicht verkatert, das Lied, das so
traurig klingt und so lustig ist. Oder umgekehrt:

Ei, du lieber Augustin,
's Geld is hin, 's Mensch is hin,
ei, du lieber Augustin,
alles is hin.
Wollt noch vom Geld nix sag'n,
hätt ich nur's Mensch am Krag'n,
ei, du lieber Augustin,
alles is hin.

Barock nennt man es, wenn in der Seele Himmelhoch-
jauchzendes und Zutodebetrübtsein eng beieinanderlie-
gen. Barock ist das Lächeln unter Tränen und der heim-

41

liche Schluchzer im Lachen. Johann Stranitzky, der erste Wiener Hanswurst, ein begnadeter Komiker, war im Nebenberuf – Zahnarzt. Während auf der Bühne der Theaterbuden die Narren praktizierten, wurden im Parkett, erste Reihe, Zähne gerissen. Gelächter im Schmerz, Schmerz im Gelächter – wie typisch ist das für Wiens Humor.

Nur vor solchem Hintergrund ist es möglich, daß einer Leich' von den Schrammeln buchstäblich heimgegeigt wird. Mit dem Lied »Erst wann's aus wird sein mit aner Musi und mit'n Wein, dann pack'n ma die sieb'n Zwetschgen ein, ehnder net. Solang im Glaserl no a Tröpferl drin is, solang a Geigen no voll Melodien is und solang als no a tulli g'stelltes Madel da, da sag'n ma immer no ›Halt ja‹ und fahr'n net a.«

»Es ist der heimliche Pessimismus, der am Grunde der österreichischen Lebensfreude liegt, der dunkle Bodensatz des österreichischen Gemütes, der immer übersehen wurde, obgleich doch erst durch ihn alle Äußerungen österreichischer Geistigkeit ihren tieferen Glanz erhalten. Man schlürft hier den Freudenbecher am liebsten, wenn an seinem Rande der Wermutstropfen hängt ... Erst das Wissen vom Ende, die wehmütige Erkenntnis, daß keine Freude ewig währt, macht hier das Genießen so schön und hebt es empor über alles Gemeine. ›Es wird ein Wein sein, und wir werd'n nimmer sein ...‹ noch in die vielberufene österreichische Feuchtfröhlichkeit hinein klingt das Abschiednehmen und das Wissen vom Ausklang.«[14]

So herum betrachtet, gehört auch das berüchtigte Raunzen zu einer der Ausdrucksformen Wiener Humors. »Raunzen« läßt sich am besten mit dem Wort

»meckern« übersetzen. Und so wie das Meckern eine Art Stuhlgang der Seele ist, so ist es auch das Raunzen.

Der Berliner läuft ja bekanntlich zu großer Form auf, wenn er meckert. Bezeichnend hierfür ist der Berliner, der nach einer Traumfahrt durch das Alpenland zu seinem bajuwarischen Fremdenführer sagt: »War janich so übel, Herr Moser, aber immer, wenn ick wat sehen wollte, kam 'n Berg dazwischen.«

Das entsprechende Produkt Wiener Raunzertums ist die Geschichte des Herrn von Knedl, der seinen Spazierstock irgendwo hat stehenlassen. Es ist ein kostbarer mit 'nem elfenbeinernen Knauf, und Knedl ist entsprechend aufgeregt. Er sucht ihn beim K. K. Hofzuckerbäcker Demel und beim Spezialitätenfabrikanten und beim Sacher und . . ., und . . ., und . . . Überall hört er ein höfliches »Bedaure, der Herr von Knedl«. Schließlich betritt er mit wenig Hoffnung das Gemischtwarengeschäft, wo er um ein neues Kragenknöpferl gewesen war. Und siehe da, da steht sein Stock.

Was tut der Knedl, freut er sich still, jubelt er lauthals? A woher denn, im Abgehen raunzt er vor sich hin: »Da sieht man's wieder amal, die teiren, die renommierten G'schäft, die haben den Stock net g'habt, wo werden's denn, aber so ein winziges G'schäft, wo nur Knöpferl verkauft, das hat ihn g'habt.«

Der Wiener raunzt mit Leidenschaft und aus einem dunklen Drange. Wenn er lobte, statt zu meckern, fürchtet er anscheinend der Götter Neid. Motto: nur nicht zugeben, daß es mir gutgeht. Selbst beim Lotto-Hauptgewinn spricht er von der Vermögensteuer, die er nun im nächsten Jahr wird zahlen müssen. Alle Geschäftsleute leben vom Defizit. Und fragt man einen, wie es ihm denn so gehe, so winkt er sofort ab und sagt mit einem Gesicht, in dessen Mienen Weltuntergang nistet: »Fragen's mi net.«

Bei den Bayern, die mit den Österreichern ja eng verwandt sind, heißt das »granteln«. Das Granteln aber ist viel gröber, kampflustiger, streitsüchtiger als das Raunzen. »Das Raunzen ist oft nicht mehr als ein Gesellschaftsspiel«, schreibt einer der Ihren, »allgemein beliebt, virtuos gehandhabt und dazu außerdem heilsam. Aus vielen Bedenklichkeiten heraus, Fehlschlägen, bitteren Erfahrungen, ist es unsere stärkste Waffe gegen einen nationalen und jeden anderen Fanatismus. Ein humorloser Mensch, gar einer, der sich selbst und seine Leistung todernst nimmt, ist für uns immer verdächtig, ein humorloses System aber völlig unerträglich.«[15]

Gipfelpunkt des Raunzertums und gleichzeitig Negierung in sich selbst ist das schöne Wort des Grafen Bobby, das er seufzend zum Kellner Franz im »Café Central« spricht: »Am besten wär's, gar nicht geboren zu sein.« Lange Pause: »Aber wem passiert das schon. Unter Tausenden kaum einem.«

Womit das Stichwort »Graf Bobby« endlich, endlich gefallen wäre.

In den nicht allzu zahlreichen Büchern über den Humor Österreichs findet man ihn merkwürdigerweise recht kurz abgefertigt. Man bekommt den Verdacht, daß sie sich des Grafen etwas genierten. Wegen seiner Trottelhaftigkeit, seiner totalen Rückständigkeit, seiner Blödheit?

Tatsächlich hört man an der Donau weit weniger

Graf-Bobby-Witze als beispielsweise in München. Die »Deutschen in freundlich« (wie irgend jemand die Österreicher genannt hat) mutmaßen, daß die »Piefkes« (wie die Österreicher die Deutschen nennen) sich einen Jux aus ihnen machen. Daß man ihre Eigenschaften gleichsetzt mit den Eigenschaften des Herrn Grafen, daß also die Gleichung lautet: Österreicher = Bobby.

Der nie ruhende Komplex gegenüber allem, was deutsch ist, dieses Gefühl, gemischt aus Verachtung und Achtung, aus Ablehnung und Respekt, läßt solchen Verdacht bei ihnen aufkeimen. Zu Unrecht! Denn wenn auch der Bundesdeutsche den Österreicher mit dem Bobby in einen Topf werfen mag (ein abenteuerliches Bild), so liebt er ihn doch, den Grafen!

In unserer bundesrepublikanischen Welt, in dieser knochentrockenen Atmosphäre voller Tüchtigkeit und zielbewußten Strebens, in der alles immer seine Ordnung hat, hier wirkt er wie ein englischer Gruß. Er weicht sie auf, die allzustarren Formeln dessen, was wir unter Glück verstehen, er rückt die Maßstäbe wieder zurecht.

Zum Beispiel, wenn er um das Rennpferd herumgeht, das ihm der Esterhazy verkaufen will. Ein unglaubliches, ja ein phänomenales Tier! Wer mit dem Gaul um acht Uhr früh von Wien losreitet, ist um neun Uhr bereits in Wiener Neustadt. »Respekt, Herr von Esterhazy, Respekt, wirklich eine Okkasion. Nur . . ., nur, ja also was soll i um neun in der Früh in Wiener Neustadt?«

Ein Witz, so aktuell wie die Zeitung von heute. Denn bald werden die Supersonics ihre Lärmteppiche über Europa legen, und die Fluggesellschaften werden mit dem Slogan hausieren gehen: »Acht Uhr ab Hamburg, zehn Uhr an New York«. Vielleicht wäre es dann an der Zeit, sich mit dem Grafen zu sagen: »Was soll ich um zehn Uhr früh in New York?«

Die Technikferne des Österreichers, das Mißtrauen gegen allzuraschen Fortschritt, hat sich im Bobby kristallisiert. Immer wieder steht er verwundert vor den Wundern der Technik. Als er vom Tod Edisons hört, der die Glühbirne erfunden hat, fährt es aus ihm heraus: »Jessas, jetzt geht's wieder los mit die Petroleumlampen.« Und den Grafen Schmeidl, der nicht wußte, daß der Bobby inzwischen auch einen Fernsprecher hat, fragt er mit sanftem Vorwurf: »Ja geh, Schmeidl, liest denn gar net 's Telefonbuch?«

Meist versteht er miß. Auf diesem Mißverständnis baut sich dann der Witz auf. Das ist an sich das Prinzip vieler Witze. Beim Humor der Ostpreußen beispielsweise steht das Mißverständnis eindeutig im Mittelpunkt. Etwas Hehres ist gemeint, etwas Gemeines wird verstanden.

Ein Beispiel: »Na, Hannchen«, fragte die Dame des Hauses leutselig nach Schluß einer Party, bei der das Dienstmädchen ausnahmsweise als Tischdame hat fungieren dürfen (weil man sonst zu dreizehn gewesen wäre), »na, Hannchen, hat man dich auch als Dame behandelt?«

»Jawoll«, grinst Hannchen stolz, »einmal in de Kich' und einmal aufe Terrass'.«

Und im Veranstaltungsprogramm des Pferdemarktes zu Wehlau heißt es: »Zehn Uhr Empfang der Ehrengäste. Elf Uhr Ankunft der preisgekrönten Bullen. Zwölf Uhr gemeinsames Mittagessen.«

Auch Hamburg liefert hier Hervorragendes. Wofür ein Beispiel stehen möchte, das geradezu einen Weltrekord an Mißverständnissen aufstellt. Dialog zwischen Frau Puvogel und Frau Kripgans auf'n Maakt:

»Macht denn Heidi?«

»Och, die heirat ja nu bald.«

»Is nich wahr, was iss er denn?«

»Is Veterinär.«

»Wat son Ollen aus'n ersten Weltkrieg?«

»Nee! Ißt kein Fleisch.«

Zurück zum Grafen Bobby. Bei dem ist das alles nun ganz anders. Wenn der etwas falsch versteht, und das tut er ja häufig, dann kommt es selten zu Plattheiten oder Kalauern. Der Graf braucht bloß den Mund aufzumachen: Und schon ist da Charme, liebenswerte Naivität, a bissl Schlamperei, aber auch Weisheit und lächelnde Philosophie. Er ist halt ein Weaner, der Herr Graf, und da kamma bekanntlich nix machen!

Wiens Humor wäre ohne Graf Bobby genau so wenig denkbar wie beispielsweise Köln ohne Tünnes und Schäl. »Er ist jener unsterbliche Repräsentant des alten Wien, naiv und schlampig, vertrottelt und liebenswürdig, tiefsinnig in seiner eigentümlich kindlichen Logik und gleichzeitig außerordentlich blöd, immer aber gütig und herzlich, verloren und heiter-erstaunt vor dem schönen und seltsamen Leben, das er nie recht begreift.«[16]

Fachleute glauben, daß der Graf keineswegs nur eine Legendengestalt ist, es soll ihn wirklich gegeben haben. Manche wollen ihn in ihrer Kindheit sogar noch gekannt haben, einen würdigen alten Herrn mit weißem Spitzbart, Kneifer und Schlapphut, der in zahllose Beleidigungsprozesse verwickelt war.

Als im Jahre 1932 ein Wiener Montagsblatt Witze über einen Altgrafen Bobby veröffentlichte, da erschien eines Tages ein distinguierter älterer Herr auf der Redaktion. Den Chefredakteur, bittschön, würde er gern einmal sprechen. Die Bitte wurde ihm erfüllt. Obwohl Chefredakteure im allgemeinen für niemanden zu sprechen sind. Allenfalls für ihren Verleger.

»Graf XY ist mein Name«, sprach der distinguierte ältere Herr, »charmant, charmant finde ich Ihre Altgraf-Bobby-Witze, also wirklich, ich muß schon sagen, Respekt. Doch schaun's, ich bin der letzte lebende Altgraf, und da möcht ich Sie schön bitten: lassen's das ›Alt‹ weg, schreiben's einfach nur Graf. Es ist wegen meiner Familie. Die sekkiert mich so . . .«

Ausgesehen haben soll der Altgraf genau so, wie man sich gemeinhin den Grafen Bobby vorstellt. Aber ob er es wirklich gewesen ist, der Held von Tausenden Witzen?

Das ist natürlich ein Schmäh, würde der Wiener darauf antworten. (Anmerkung für die bedauernswerten Nicht-Wiener: einen Schmäh erzählen heißt, jemandem etwas Unwahrscheinliches wahrscheinlich machen.) Denn so, wie es den Kaiser Franz Joseph gegeben hat oder den Feldmarschall Radetzky, so hat der Bobby natürlich nicht existiert. Es ist keine historische Figur, weil es bestimmt ein paar Dutzend Grafen in der kaiserlich-königlichen Donaumonarchie gegeben hat, auf die sein Steckbrief zutraf.

Historisch hin, historisch her, der Graf Bobby ist jedenfalls die liebenswerteste Witzfigur auf der Landkarte deutschsprachigen Humors. Er ist ja nicht nur saublöd. Auch wenn er auf diesem Gebiet Beachtliches leistet. Unter den vielen blöden Witzen ist das vielleicht der blödeste:

Bobby hat einen wundervollen neuen Spazierstock mit einem noch wundervolleren Griff bekommen. Der Baron Mucki bewundert ihn ausführlich. Bobby selbst ist nicht ganz so zufrieden. »A bissl zu hoch ist er schon, der Stock«, meint er, »deshalb ist's schad, daß i den Griff abschneiden muß!«

»Geh, Bobby!« sagt der Mucki, »du kannst doch den Stock auch unten abschneiden.«

Da bleibt der Bobby kopfschüttelnd stehen: »Ja verstehst denn net? Unten paßt er mir ja, aber oben, oben ist er mir zu lang.«

Und auch der Ratschlag an den ältlichen, ewig abgehetzten, mit vielen Kindern gesegneten Postboten hat es in sich: »Warum hetzen S' denn allweil so, Herr Wotruba, schicken S' die Sachen doch lieber mit der Post.«

Er erlebt so einiges, der Graf Bobby, wenn er durch sein geliebtes Wien spaziert.

In einem Geschäft in der Weihburggasse verlangt er einen Globus von Österreich-Ungarn.

Auf dem Kärntnerring geht er in eine Drogerie und kauft zum viertenmal in dieser Woche ein Paket mit hundert Mottenkugeln. Ja aber wozu denn um Himmels willen brauchen der Herr Graf so viele Mottenkugeln? »No, treffen Sie vielleicht mit einer jeden?«

Lange blättert er in den wundervollen Alben, die ihm der Herr Hofphotograph am Neuen Markt vorgelegt hat. Da sind Photos en face, im Profil, mit Goldschnitt und herrlich kolorierten Landschaftskulissen als Hintergrund, da sind Brust-, Akt- und Babybilder. Dann sagt er unschlüssig: »Ja schaun's, das ist ja alles sehr fesch, aber eigentlich wollt ich ja ein Photo, wo ich selber drauf bin.«

Und in den Juwelierladen mit dem Schild »On parle Français – man spricht Französisch« geht er natürlich gar nicht erst hinein. »I kann ja kein Wort Französisch.«

In den besten Bobby-Geschichten wird der Blödsinn zum Tiefsinn. Wenn da der Graf allen Vorübergehenden aus seinem Fenster zuruft, daß in der Floriansgassen ein Lachs herumlaufe. Und wenn dann immer mehr und mehr Leute in die Floriansgasse strömen. Und wenn dann der Bobby »mitströmt«, weil . . . »Ja, nun vielleicht lauft da wirklich a Lachs.« Dann haben wir hier ein echtes Opfer moderner Massenpsychose.

Oder wenn er sich diebisch freut, weil er auf der Strecke Wien-Salzburg im Raucherabteil gefahren ist, ohne ein einziges Mal zu rauchen. »Wenn da eine Kontrolle gekommen wär . . .«

»Jetzt möcht ich wissen«, fragt ihn einmal der Baron Mucki, »woher hat die Post das viele Geld? A 10-Heller-Marke kost' halt genau 10 Heller. Daran ist doch nix zu verdienen. Alles zum Selbstkostenpreis.«

»Geh, Mucki«, sagt Graf Bobby, »das ist doch ganz einfach. Ein Brief mit einer 10-Heller-Marken zum Beispiel darf 25 Gramm wiegen. Wiegt aber net immer 25 Gramm. Wiegt meist viel weniger! Na, und an dem Unterschied, daran verdient die Post.«

Im Wörtlichnehmen ist der Bobby groß. Hier wird er zum Sprachentdecker, das heißt, er gibt den Worten ihren ursprünglichen Sinn zurück. Er stellt die Situation wieder her, in der unsere Sprache sich befand, als sie

noch eine Bildersprache war. *Besitzen* zum Beispiel hieß
ja nichts anderes, als daß man auf etwas *draufsaß*, und
bevormunden bedeutete, daß man *vor* einem anderen
etwas in den *Mund nehmen* durfte.

Wenn Bobby erzählt, daß direkt neben ihm im über-
füllten Zugabteil jemanden der Schlag getroffen habe,
und er das mit den Worten kommentiert: »A Massel hob
i schon g'habt. Hätte ebenso mich treffen können, bei
dem Gewuhrl«, dann wird die Gleichung Schlag = Blitz-
schlag offenbar.

Zur selben Gattung gehört Bobbys Antwort auf die in
der Oper von Mucki geäußerte Ansicht, daß es nun
gleich losgehen müsse, da die Musiker bereits *stimmen*:
»Wieso, hast sie gezählt?« Und wenn der Rudi aus der
Zeitung vorliest, daß der Ätna ausgebrochen ist, kann
man tatsächlich nur fragen: »Haben's ihn schon erwischt?«

Karl Valentin, der große Linksherumdenker aus
München, der sich zwei Meterstäbe kaufte, um mit dem
zweiten den ersten nachzumessen, ob er auch wirklich
einen Meter lang ist, er hat nicht ohne Grund die Bobby-
Witze so gern gehabt. Hier zeigt sich Seelenverwandt-
schaft zwischen Komiker und Witzfigur.

Moderne Verhaltensforscher haben unlängst festgestellt, daß der Affe die menschliche Sprache erlernen
könne, wenn er es nur wolle. Da er aber nicht wolle,
könne er es auch nicht. Diese Theorie versuchten sie in
dickleibigen Bänden zu beweisen. Wer Lust hat, kann es
nachlesen. Wer keine Lust hat, darf sich mit einem
Bobby-Witz begnügen. Der Graf ist nämlich wieder
einmal allen voraus.

Mit seinem Freund Mucki besucht er den Zoologischen Garten in Wien. Wie viele Menschen, verweilt er lange vor dem Käfig, in dem jene Glücklichen sitzen, die seinerzeit zu faul gewesen waren, das Rückgrat durchzudrücken, um auf zwei Beinen zu gehen – bei den Affen also.

»Wos ist eigentlich der Unterschied zwischen denen und uns?« fragt der Mucki und schaut fasziniert zu, wie die Schimpansen friedlich um einen Tisch herumsitzen und ihre Morgensuppe löffeln. »Händ hoben's, und die Füß wie wir, das Gesicht ist auch net so übel, no ja, halt a bissel viel Haar', aber sonst . . .«

»Es ist die Sprach, Rudi, die macht's, dees ist der Unterschied. Schau, wenn jetzt der große Schimpanse da aufstehen tät und sagen tät, i bin a Schimpanse, dann, ja dann wär es schon a Mensch.«

Schlechtes oder falsches Deutsch wird von Bobby erbarmungslos entlarvt. Angesichts der Annonce, mit der der Tod des Barons Nepomuk von Tschernembl angezeigt wird, sinniert er: »I hob ihn gut gekannt, den Nepo, ist schon a rechter Jammer, sechzig is kein Alter. Aber wenn i nur wüßt, wer der andere ist?«

»Welcher andere?« fragt der Rudi verwundert.

»No, hier lies doch: ›Mit ihm starb einer unserer beliebtesten Bürger.‹«

Es gibt Bobby-Witze, bei denen einem buchstäblich der Verstand stehenbleibt, weil man im ersten Moment nicht weiß, ob die Pointe oder man selbst blöd ist. Wenn der Bobby von der Donau-Brücke die Donau-Kähne beobachtet, die so schwer beladen sind, daß zwischen Deck und Wasseroberfläche höchstens noch zwanzig Zentimeter sind, und wenn er kopfschüttelnd sagt: »Ein so ein Leichtsinn, 's Wasser bräucht nur um dreißig

Zentimeter zu steigen, und schon ist die Katastrophe da« – dann ist es soweit.

Und wenn er sich, über den endlos langen Eisenbahntunnel staunend, mit den Worten beruhigt: »Man muß halt bedenken, i sitz im letzten Waggon« – dann ist es wieder soweit.

Es gibt andere Witze, die nur dann wirken, wenn man sie sehr ausführlich erzählt. Sie müssen glimmen wie der Funke an einer langen Zündschnur. Ist die Schnur zu kurz, dann geht die Rakete sprich Pointe zu rasch hoch und verpufft. Die ganz wundervolle Geschichte von der »Schrecklichen Ungewißheit«, die nun allerdings so alt ist, daß niemand mehr sie zu erzählen wagt, wodurch viele aus der jüngeren Generation um einen echten Genuß kommen, diese Geschichte mit ihren meisterhaft retardierenden »Na und?« würde, kurz und bündig gebracht, zu einem Begräbnis erster Klasse werden. (Abgesehen davon kommt sie aus dem Jüdischen, und dort wird sie auch erzählt.)

Dazu gehört auch die Geschichte, wie der Graf hinausfährt in die Freudenau zu den Galoppern, und wie er den Esterhazy trifft, und wie sie ein langes Gespräch haben über Pferde, weil der Esterhazy auch ein paar davon laufen hat, und wie sie schließlich zum Sattelplatz gehen und den Czillag treffen, den kennst doch, den Czillag, den kleinen krummhaxerten Jockey, der mit die dicke Brillen, der wo kaum no wos sieht, und wie er den Czillag ganz freundlich grüßt, so mit »Grüß Sie Gott, der Herr von Czillag!«, und wie er am Czillag vorbeigeht, und wie es dann passiert ist. Ja.

»Was passiert ist?« fragt der Rudi, der die ganze Zeit geduldig gelauscht hat.

54

»No ja, i geh halt vorbei, und wie i vorbei bin, krieg i so an Schlag in den Rücken, jemand hat mir einen Sattel aufgelegt, und wie i mi umdreh, da ist der Czillag schon aufgesessen und haut mir die Sporen in die Seite, und ab geht's wie die Feuerwehr. Ja.«

»Na und?«

»Dritter bin i g'worden.«

Es ist einer schöner als der andere. Unter den Witzen vom Grafen Bobby. Kenner haben ihre ganz besonderen Lieblinge, die sie sorglich pflegen und immer wieder erzählen. Wir aber erzählen jetzt keinen mehr. Denn man kann die Dinge auch übertreiben. Das heißt, einen einzigen sollten wir doch noch bringen. Sie werden ihn eh schon kennen, denn er hat einen Bart. Aber es ist wohl einer der schönsten.

Bobby im Naturkundemuseum staunt maßlos über ein Ei, das er in dieser Größe noch nirgends gesehen. Dreimal wandert er um die Vitrine herum, in der das Monstrum aufbewahrt ist, schließlich kann er seine Neugier nicht mehr bezähmen, er wendet sich hilfesuchend an den Aufseher: »Bittschön, wenn's so gut waren und mir sagen möchten, was dees für ein Ei ist?«

Aufseher: »Das ist das Ei vom Strauß.«

Der Graf (im Abgehen): »Schau, schau, der Walzerkönig.«

(Dieses Geschichtchen las ich in einem »Witzbuch« mit dem Zusatz »Daher also die galanten Erfolge«. Ein klassisches Beispiel, wie man eine Pointe radikal vernichten kann!)

Wortbruch Numero zwei: noch 'n Bobby-Witz. Aber einen, nachdem man platterdings keinen mehr erzählen kann. So endgültig scheint er.

Graf Bobby hat den Zweiten Weltkrieg überstanden. Aber wie: Haus, Hof, Weib, Kind und Kegel – alles ist hin. Es reicht noch nicht mal zu einem kleinen Schwarzen im »Café Landtmann«. Entschließt er sich also, seinen Körper der Akademie zu verkaufen.

»Wos, bittschön, täten's denn für mich anlegen, Herr Doktor?« fragt er den Arzt, nachdem er sich splitternackt ausgezogen hat.

Der geht ein paarmal um ihn herum. »Dreihundert Schilling wären gerad genug.«

Da greift der Bobby nach seinen Kleidern und meint: »Dreihundert Schilling kost' i mi selber.«

Weises Sichabfinden mit den Unabänderlichkeiten dieser Welt ist so typisch für den Witz der Donau-Metropole. Die Lage ist oft verzweifelt, aber nie ernst. Wie einmal ein österreichischer Landser von der Front nach Hause schrieb. Der Wiener weiß, daß man im Grunde nix machen kann. Gegen das Schicksal. Das ja bekanntlich immer seinen Hobel ansetzt. Und auch nicht gegen die Obrigkeit. Die immer den längeren Arm hat.

So was lernte man, wenn man einige Jahrhunderte absoluten Staat erlebt hat. Mit der schärfsten Zensur Europas und der immer tüchtigen, allzutüchtigen Polizei. Von dem Jahrtausend absoluter Kirche gar nicht zu reden. Daher die immer wiederkehrenden Redewendungen »Da kamma nix machen«, »Waaß man's denn«, »Dees san so Sachen«.

»Der Witz der Wiener«, meint der Professor Schöffler (um den niemand herumkommt, der über Humor schreiben will), »hat nicht die scharfe Schlagfertigkeit des berlinischen, nicht die trockene Überraschungstechnik des hamburgischen; er ist besinnlich, liegt oft im Grenzgebiet des Humors mit ganz ungewöhnlicher Neigung zur Selbstverspottung, die turmhoch über der berlinischen Haltung des ewigen Sichernstnehmens steht . . . Denn das finde ich das seelisch Größte an den Wienern, daß sie die Souveränität der inneren Haltung sich durch die elendesten Jahre ihrer ruhmreichen Geschichte voll gerettet haben. Sie haben sich immer richtig im Auge behalten, sie haben ihre Lust zur Selbstparodie keinen Augenblick preisgegeben und haben über ihre Resignationswut nicht zu spotten aufgehört. Sonst hätten sie sich tatsächlich aufgeben müssen.«[17]

Man sollte diese Haltung nicht unterschätzen. Sie hat nichts mit Schlappheit zu tun, was die Deutschen gern anzunehmen bereit sind. 1938, einige Wochen bevor sie ihre »österreichischen Brüder« heim ins Reich holten, spielte man in einem Wiener Cabaret folgende Szene:

Der Amtsdiener, der wie alle Amtsdiener einen tschechischen Namen trägt, stürzt in das Zimmer seines Vorgesetzten und meldet in höchster Aufregung: »Herr Sektionschef, die Daitschen kommen!«

Na, und was tut der Herr Sektionschef? Gar nichts tut er. »Regen S' Ihnen net auf, Woprschalek«, sagt er, a bißl zerstreut und a bißl strafend, »wir werden sie schon demoralisieren.«

Nun weiß man endlich, warum die Sowjets Österreich geräumt haben. Sie waren halt demoralisiert!

Witze über die Russen waren damals Mode. Noch immer in Mode sind die Witze über die Deutschen. Der Piefke ist dem Österreicher das, was der Saupreiß dem Bayern ist. Beide beginnen sie jeden Satz, den

sie an einen Eingeborenen richten, mit den Worten
»Sajen Se mal, Männeken . . .« Daß kein Berliner jemals
Sajen sagt, sondern allenfalls »saren«, stört niemanden. Das Salontirolerisch der Norddeutschen ist auch nicht besser.

Piefke-Witze sind meist von schlichtester Einfalt. Es sind ja auch weniger Witze als Abführmittel. Man führt seinen Harm (nicht Harn) ab, den einem so ein Kerl immer wieder macht, mit seiner Biereifrigkeit, seiner Arroganz und, na ja zugegeben, seiner gewissen Tüchtigkeit. In der Pointe siegt der Einheimische grundsätzlich. Er zeigt's ihm, dem eingebildeten Besserwisser, der wo noch auf den Bäumen gesessen ist, als die Österreicher bereits in Palästen wohnten.

Feriengast spricht Tiroler Bauern an, der eine Fuhre Langholz zu Tal bringt. »Sajen Se mal, Männeken, wofür braucht ihr denn hier so lange Stangen?«

»Dees gibt Fotzhobeln (Mundharmonikas) für die Berliner.«

Oder: Gast betritt Wiener Papiergeschäft, befühlt kritisch Papier, stellt fest, daß es bei ihm zu Hause (wie sollte es anders sein) viel feineres Papier gibt, und sagt es auch. Antwort des Verkäufers: »I möcht Ihnen da net widersprechen, der Herr haben daheim gewiß auch viel feinere Lumpen.«

Im Grunde mag der Wiener den Berliner (wie auch umgekehrt). Er spürt die gleiche Kragenweite des Hauptstädters mit seiner Begabung zur Wortschöpfung und zum aktuellen Witz. Und er lacht sich geradezu scheckig, wenn der Berliner als komische Figur auf der Bühne erscheint. Im »Weißen Rössl« ist es der Trikotagenvertreter Giesecke, der im schnürlregenverhange-

nen Salzburg ein ums andere Mal den Seufzer ausstößt
»Ach wär ick doch bloß nach Ahlbeck jefahrn!« Auch
der ewige Schnee hoch da droben auf den Firnen kann
ihn nicht trösten, sondern veranlaßt ihn zu der Bemerkung: »In Berlin sind wa froh, det wir ihn endlich los
sind, und hier soll ick mir drüber freuen? Nee!«

An Komik können ihm allenfalls der böhmakelnde
Tscheche oder radebrechende Ungar noch den Rang
ablaufen. Wien gehörte neben Berlin und New York zu
den großen Schmelztiegeln, in denen ein Dutzend der
verschiedensten Volksstämme so lange auf kleiner
Flamme brutzelte und sott, bis sie . . ., nun, bis sie eben
umgeschmolzen waren. In unserem Falle zum Wiener.
Als Material dienten Schwaben, Magyaren, Italiener,
Juden, Levantiner, Slowaken, Tschechen, Bosniaken,
Kroaten und so fort.

Ihre Komik war mehr unfreiwilliger Art. Sie machten
keine Witze, sondern waren selbst welche. Und zwar
durch ihre Sprache. Aber auch durch Pfiffigkeit, Naivität, Bauernschläue, Weltfremdheit.

Die »Bemmen«, die Böhmen, hatten sozusagen alle
den Schwejk im Nacken. Als der Herr Visplasil zur Kur
verschickt wird, wegen der Gicht, wo er in seinem linken Bein hat, da wird er täglich massiert, was außerordentlich schmerzhaft ist, aber schließlich ist er nicht zum
Spaß hier, sondern per Krankenkasse. Die anderen
stöhnen, brüllen, ächzen vor Schmerz. Er aber verzieht
nie eine Miene, sondern lächelt still vor sich hin, sosehr
ihn der Badediener auch sekkiert. Na, sind die vier
Wochen herum, und der Badediener hat so einen
Menschen noch nicht erlebt, der so mannhaft ist im
Ertragen von Schmerzen.

Fragt er also: »Herr Visplasil, sagen S' mir zum Schluß, wie haben S' dees ausg'halten, was noch keiner vor Ihnen hat ausgehalten?«

Lächelt der Visplasil wieder mit seinem pfiffig-dümmlichen Lächeln. »War nix zum Aushalten, hab' ich Ihnen gefuppt, habe ich immer rechtes Bein hingehalten.«

Die Ahnungslosigkeit der vom Land Zugereisten ging oft weit. Die Witwe Pospischil zum Beispiel wird bei jedem Fliegeralarm, den sie allein in ihrem Keller verbringt, von einem lüsternen Luftschutzwart vergewaltigt. Nach der fünften Vergewaltigung vertraut sie sich einer Nachbarin an. Nachdem sie alles gebeichtet hat, sagt sie nachdenklich: »Ganze Zeit ieberleg ich, was will das Mensch von mir?«

Die drei Artikel in deutscher Sprache, die ja tatsächlich »schwere Sprak« ist, wie der Chevalier in Lessings *Minna von Barnhelm* sagt, diese Der-Die-Das können einen Ausländer schon zur Verzweiflung bringen.

Professor Billroth, medizinische Kapazität an der Universität in Wien, prüft einen Kandidaten magyarischen Geblütes. Er zeigte auf ein inneres Organ: »Was ist das?«

»Das ist das Läbber, Herr Professor.«

»Gar nicht so übel«, bemerkte Billroth, »doch wäre es gut, wenn Sie später in Ihrer Praxis drei Kleinigkeiten beachten würden. Sagen Sie lieber *Leber*. Und ein Die davor macht sich auch besser. Na ja, und außerdem ist es die Milz.«

Später haben sie sich dann immer stärker dagegen gewehrt, die nichtdeutschen Volksteile, gegen die Bevormundung durch die Deutschen. Die Witlatschil, Saczek, Pokorny, Menasse konnten plötzlich kein einziges Wort Deutsch mehr. Da werden dem Corpskommandanten von seinem Adjutanten drei neue Militärattachés gemeldet, die ihm für die Dauer des Manövers zugeteilt sind.

Der General, wie immer leicht zerstreut, da er mit den Gedanken ganz woanders ist: »Charmant, charmant. Was san's denn für Leut'?«

»Ein Böhm', ein Ungar und ein Chines', melde gehorsamst, Herr General.«

»Kennen's denn Deutsch?«

»Der Chines' schon.«

Kommen wir noch einmal auf die »Läbber«-Geschichte zurück. Die Antwort des Professors zeigt das geistige Klima, das dortzulande herrscht. Es schwingt Noblesse darin, gütige Nachsicht, Verlegenheit sogar: Mein Gott, wie soll ich's denn dem armen Kerl beibringen, daß er durchgefallen ist?! Es ist eine Menschlichkeit, die, bei aller österreichischen Titelsucht und Tituliererei, die Stände miteinander versöhnt und einen Bezirkshauptmann nicht mehr sein läßt als einen Maroniverkäufer im Prater.

Ein ähnliches Klima kann Deutschland nur in der Stadt Köln aufweisen, wo man zwar, trotz oder wegen Karneval, nicht am witzigsten sein mag, bestimmt aber am tolerantesten, und wo man dem schönen Prinzip frönt »Jet jeck sin mer all – Etwas verrückt sind wir alle.« In Köln kann es einem passieren, daß einen der Herr Generaldirektor vor Beginn einer schwierigen Sitzung zur Seite nimmt und flüstert: »Kenn' Se den?«

Auch in Wien ist man keineswegs der preußischen Meinung, daß Dienst Dienst sei und Schnaps Schnaps, sondern daß man während des Dienstes ruhig auch mal einen Schnaps trinken darf. Bildlich gesprochen. Mit den Spitzen der Behörde kann man mitten im Fachgespräch rasch die Frage klären, ob beim Fußballmatch gegen den Erbfeind Ungarn der Flögel aufgestellt werden sollte oder ob dem Starek der Vorzug zu geben ist. Und gestrenge Professoren haben immer einen Witz auf Lager.

Was nun wirklich kein Wunder ist. Denn einer ihrer berühmtesten, der Professor Sigmund Freud, hat sich nicht geschämt, ein ganzes Buch darüber zu schreiben. Es trägt den Titel *Der Witz und seine Beziehung zum Unbewußten*. Was aber merkwürdigerweise niemanden abschreckt. Das Werk hat nämlich eine höhere Auflage als manche sogenannte Witzsammlung. Warum? Weil Freud die schwierige, immer mehr aussterbende Kunst beherrschte, Witze so zu schreiben, daß sie wie erzählt wirken. Das Buch kann also auch von Leuten gelesen werden, denen die wissenschaftliche Analyse wurscht ist.

»Wer einmal Anlaß gehabt«, klagt Freud in der Einleitung, »sich in der Literatur bei Ästhetikern und Psychologen zu erkundigen, welche Aufklärung über Beziehung und Wesen des Witzes gegeben werden kann, der wird wohl zugestehen müssen, daß die philosophische Bemühung dem Witz lange nicht in dem Maß zuteil geworden ist, welche er durch seine Rolle in unserem Geistesleben verdient. Man kann nur eine geringe Anzahl von Denkern nennen, die sich eingehender mit dem Problem des Witzes beschäftigt haben.«[18]

Einen der Lieblingswitze Sigmund Freuds, einen, den er als »geradezu diabolisch gut« bezeichnete:

Das Ehepaar X lebt auf ziemlich großem Fuße. Nach Ansicht der einen soll der Mann viel verdient und sich dabei etwas zurückgelegt haben, nach anderen wieder soll sich die Frau etwas zurückgelegt und dabei viel verdient haben.

In Deutschland könnte man mit Witzen seine akademische Laufbahn ruinieren, in Wien eine begründen. Das ist der bereits zitierte kleine Unterschied. Wenn von den USA und England behauptet wird, daß sie sich hauptsächlich durch die gemeinsame Sprache voneinander unterscheiden, so gilt das im selben Maße von Deutschland und Österreich.

Hans Weigel, ein Urwiener, erzählt von einem österreichischen Mediziner, der ein Ordinariat an einer großen ausländischen Universität übernehmen sollte. Was für ihn den Beginn einer Karriere bedeutet hätte. Bevor er zusagte, erkundigte er sich, ob es an der betreffenden Universität einen brauchbaren Bratschisten für seine Kammermusik gebe. Leider gab es keinen. Und da wurde es nichts mit dem Ordinarius. »Mein Quartett ist mir lieber«, sagte der Arzt und blieb daheim.

Hauptsachen werden also hier ständig zu Nebensachen und Nebensachen zu Hauptsachen. Das »Panta rhei – alles fließt« der Griechen hat sich in ein »Alles spielt« verwandelt. Nicht umsonst kommt der Hanswurst des Theaters aus Wien. Er war ja nichts anderes als das so bitter notwendige Gegengewicht zum tierisch ernsten Helden. Wenn der Held heroisch verkündete »Lieber tot als Sklav'!«, so vertrat sein Diener die Ansicht »Lieber hundert Jahre Sklav' als ein Jahr tot«. Was zumindest auch ein Standpunkt ist.

Man wundert sich angesichts solcher Mentalität,

warum das Burgtheater eigentlich immer noch unsere Klassiker bringt, bei denen der Mantel und das Lachen ohnehin an der Garderobe abzugeben sind.

Aber wenn es nach bereits erwähntem Urwiener zuginge, würden Deutschlands klassische Dramen ganz anders aussehen. »Nicht nur in Spanien und nicht nur bei Schiller«, meint der Weigel, »wird der jeweilige Marquis Posa vor den jeweiligen König Philipp hintreten, ihm seine Flammenworte entgegenschleudern [für diejenigen, die damals gefehlt haben in der Deutschstunde: ›Ein Federzug von dieser Hand und neu erschaffen wird die Erde. Geben Sie Gedankenfreiheit!‹ F.-F.] und damit eine große Auseinandersetzung zweier gegnerischer Prinzipien einleiten. Wenn jedoch ein österreichischer Posa seine Philippika beendet hat, sagt der österreichische Gegner nicht ›Sonderbarer Schwärmer!‹, sondern antwortet freundlich: ›Wem sagen Sie das, mein Lieber? Da könnt' ich Ihnen noch ganz andere Geschichten erzählen. Aber was soll man machen?‹«[19]

Da haben wir Österreich in nuce, in der Nuß. Und daß es nicht bloße oder blasse Theorie ist, bewies dieses Land des öfteren in seiner Geschichte.

Kaiser Ferdinand Numero drei, in die Geschichtsbücher eingegangen durch die »Kaiserlich-königliche Ferdinands-Nordbahn«, die Wien mit Brünn verband, war ein schrecklich gutmütiger Mensch. Er war so gütig, daß ihn die Wiener konsequenterweise Ferdinand den Gütigen nannten. Das heißt, wenn sie guter Laune waren. Waren sie in Raunzerstimmung, hieß er sofort Gütinand der Fertige. Kaiserspielen fand der Ferdinand ziemlich fad, es gab schließlich noch andere Berufe, und so war er heilfroh, als er 1848 vor den damaligen »kleinen radikalen Minderheiten« kapitulieren und zurücktreten durfte.

Zepter und Krone übergab er seinem achtzehnjährigen Neffen Franz Joseph, der angesichts dessen so erschüttert war, daß er kniefällig und unter Tränen stammelte: »Majestät, ich danke Ihnen!«

Gütinand der Fertige antwortete: »Schon recht, is gern g'schehn.«

Und als der Neffe später bei Solferino von Italienern und Franzosen in die Flucht geschlagen worden war, seufzte Ferdinand still: »So hätt i's aa no troffen.«

Motto: Wir hatten so fesche Soldaten. Und was haben wir damit getan? In den Krieg haben wir sie g'schickt.

Ewig schad, daß die Hohenzollern nicht wenigstens einen Habsburger haben einheiraten lassen.

Zum Abschluß noch ein persönliches Erlebnis, damit der Kreis sich schließe. Schauplatz ist ein Wiener Beisel. Zeit: vormittags 1988. Ein Mann in der Uniform eines Polizeiinspektors sitzt stillzufrieden vor seinem Heurigen. Meine Begleiterin, eine Viennenserin, grüßt freundlich zu ihm hinüber. Ich äußere die Ansicht, daß die Wiener Polizei keinen schlechten Tag lebe. Daraufhin entspinnt sich folgender Dialog (den ich anschließend sofort für die Nachwelt aufzeichnete):

»Schaun's, der Mann ist ja im Krankenstand.«
»So krank sieht er nun auch wieder nicht aus.«
»Er selbst ist ja auch nicht krank.«
»Er selbst nicht? Aha.«
»Nein, er selbst nicht.«
»Wer sonst?«
»Sein Hund.«

»Sein was?«

Meine Begleiterin (wie selbstverständlich): »Der Herr Inspektor ist ein Hundeführer.«

Schluß Numero zwei:

17.45 Uhr. Zwei bayerische Grenzpolizisten bei Bayrisch-Gmain auf der Streife. Sie wandern die Straße entlang, die zu einem Teil bayerisch, zum anderen österreichisch ist. Sie freuen sich auf ihre Ablösung, die Punkt achtzehn Uhr eintreffen wird, schwärmen vom Leberkäs, der Maß Bier, dem Schafkopf und der Zenzi. Plötzlich bleibt der Streifenführer stehen und schaut entsetzt in den Wipfel eines Baumes hinauf: Im Abendwind schaukelt dort sanft ein Mensch, der sich aufgehängt hat.

»Pfüat di God«, jammert da der Streifenführer, »aus is mit unserem schönen Feierabend. Wann ma jetzt des melden, dauerts a halbe Stund. Dann wird der Tatort besichtigt, des dauert wieder a Stund. Dann vernimmt uns die Polizei – nomal a halbe Stund. Da komma mir heit überhaupts nimmer hoam. I net zu meim Leberkäs, du net zu deiner Zenzi. Woaßt was?? Häng' ma'n nüber aufs Österreichische.« Gesagt, getan.

17.58 Uhr. Zwei österreichische Grenzpolizisten bei Bayrisch-Gmain auf Streife. Sie wandern die Straße entlang, die zu einem Teil österreichisch, zum anderen bayerisch ist. Plötzlich bleibt der Streifenführer stehen, schaut in den Wipfel eines Baumes hinauf und sagt: »Ui jegerl, da hängt er schon wieda!«

DIE SCHWEIZER
oder
Haben sie überhaupt welchen?

Wie einen Übergang finden vom Humor der Österreicher zu dem der Schweizer?

Nun, nichts leichter als dieses. Man nehme in solchen
Fällen einen Taxichauffeur. Meiner fuhr mich vom Wiener Flugplatz Schwechat in die Stadt. Wir kamen am
Zentralfriedhof vorbei. Endlos lang kamen wir daran
vorbei. Denn der Friedhof ist so groß wie sein Name
fürchterlich.

»Wie groß ist er wirklich?« fragte ich den Taxichauffeur.

Er sagte: »I kenn da an Witz. Also: Der Zentralfriedhof ist halb so groß wie ganz Zürich . . .« Er machte eine
wirkungsvolle Pause, ». . . aber doppelt so lustig.«

Demnach sähe es also mit dem Humor der Schweizer
trübe aus. Doch was heißt: *der* Schweizer. *Den* Humor
der Schweizer gibt es so wenig wie *den* Humor der
Deutschen. So wie man hier auf bayrisch lacht und auf
sächsisch und auf berlinisch und auf schwäbisch, so
lacht man hier: à la Bern und à la Zürich und à la Basel
und à la Genf. Ja, eigentlich lacht man auf so viele
verschiedene Arten, wie es Kantone gibt. Und das sind
immerhin neunzehn volle und sechs halbe.

Wenn einer aus Bern die Geschichte vom Zentralfriedhof hören würde, er bräche in breites Gelächter

aus. Er findet sie höchst treffend. Genauso treffend wie sie ein Basler finden würde. Oder ein Genfer.

Womit wir gleich auf den Punkt gekommen sind: Sie lachen am liebsten über andere, die Schweizer, über andere Schweizer allerdings.

»Diese gegenseitige Hänselei der Kantone nimmt kein Ende. Eine der schönsten Geschichten wird von Jacob Burckhardt, dem geistigen Symbol Basels, berichtet. Was Berlin für die anderen Deutschen, das ist Zürich für die sonstigen Schweizer, und die Berner Dienstmädchen wurden zu meiner Zeit vor Zürich gewarnt, weil dort die Polizeistunde nicht um dreiundzwanzig Uhr, sondern, ich glaube, erst um halb zwölf Uhr war, in welcher halben Stunde das Nachtleben alle Sinne umgirre. Jacob Burckhardt habe selbst erzählt, wie er in der Vorhalle eines Stuttgarter Hotels gesessen sei und plötzlich hinter sich zwei Schwaben schrecklich auf die Schweiz habe schimpfen hören. Er habe das eine halbe Stunde erstaunt angehört und habe dann aufstehen wollen, um sich Derartiges zu verbitten. ›Da ischt mir aber eingefallen: Sollten die Herren ihre Erfahrungen in Zürich gesammelt haben?‹ Und so sei er doch ohne Protest sitzen geblieben!«[20]

Dieses Hänseln – die Kantone auf und die Kantone ab – steht im Mittelpunkt dessen, was man den »Schweizer Humor« nennt. Man frozzelt sich mit wahrer Wonne. Man stichelt, spottet, hechelt, man zieht über den anderen her. Man ist ein wahrer Meister darin, denn man kennt den anderen nur allzu gut. Weil man schon allzu lange eng beieinanderhockt. Und weil man zu selten von größeren Katastrophen wie Weltkriegen und Erdbeben dabei gestört wird.

Es ist so wie bei Verwandten. Man liebt sich mit Schmerzen und haßt sich von Herzen: die Appenzeller die Solothurner, die Walliser die Genfer, die Sankt Galler die Schaffhauser, die Obwaldener die Niedwaldener, die Neuenburger die Waadtländer und so fort.

In Biel ist neulich der Zug entgleist. Warum? Nun, es hat halt eine Traube von der »Goldwandler Spätlese« auf den Schienen gelegen. Kolportieren die Leute aus Waadt.

Halb so schlimm, kontern die vom Bieler See, halb so schlimm solch ein Eisenbahnunglück. Viel schlimmer ist es, wenn man keine Nacht richtig schlafen kann. Wie die Waadtländer. Die müßten sich nachts regelmäßig von einer Seite auf die andere wälzen. Um der Gefahr zu entgehen, daß der am Abend getrunkene 63er »Aigle« ein Loch in die Magenwand brennt.

In Steckborn am Bodensee steht ein Schild an der Dampferanlegestelle mit der Aufschrift »Warnung vor Taschendieben!« Sagen die aus Rorschach. Und folgern daraus: Na, da sieht man es doch wieder einmal, was in diesem Schelmen-Kanton bei dieser Langfingerzunft so gefällig ist!

In Rorschach am Bodensee, sagen die aus Steckborn, die bekanntlich dem Kanton Thurgau angehören, steht auch ein Schild. Es trägt die Aufschrift »*Achtung* vor Taschendieben!«

Einen Kanton gibt es allerdings, der dem unbarmherzigen Spott aller anderen ausgesetzt ist, und das ist der, in dem die »Dibidäbi« wohnen, die Appenzeller. Appenzell ist das Land, wo die Milch noch dicker fließt als anderswo und die Schweiz noch so altschweizerisch ist wie nirgendwo.

Leider haben die Appenzeller bei der Verteilung der Körpergrößen geschlafen und erst »Hier!« gerufen, als der Herrgott von 1,60 Meter langsam nach unten ging. Sie sind demgemäß ein wenig klein ausgefallen.

So klein, daß man immer wieder mal einen, der im Herbst das letztemal gesehen wurde, aus dem Birchermüsli herausfischt.

So klein, daß sie unter der Dusche von einem Strahl zum anderen springen müssen, um naß zu werden.

So klein, daß sie stehend Klavier spielen müssen.

Und wenn man mal einen großen Appenzeller trifft, sagen die Nicht-Appenzeller, dann stammt er nicht aus der eigenen Inzucht, sondern aus dem Fremdenverkehr.

Nach einer Statistik der Eidgenössischen Turn- und Sportschule Magglingen über die Größe der neunzehnjährigen Stellungspflichtigen sind die Appenzeller, obwohl sie beinahe den landesüblichen Durchschnitt aufgeholt haben, noch immer die kleinsten Schweizer. Berichtet der Fritz Herdi.[21]

»Ewig diese Lügen und Verleumdungen!« rief einer aus Herisau, als er das las, und lief, bleich vor Wut, weil er nicht schlafen konnte, die ganze Nacht unter seinem Bett auf und ab.

Den Appenzellern geht es ein wenig wie unseren Sachsen: Sie können machen, was sie wollen, man lacht trotzdem auf ihre Kosten.

Daß der Kantönli-Geist gelegentlich stattliche Blüten hervorbringen kann, erzählt George Mikes, der die Schweizer durch die Brille des Ausländers betrachtet. »In Schaffhausen kannte ich eine Dame, deren Sohn ein Mädchen aus dem etwa dreißig Kilometer entfernten Winterthur geheiratet hatte. Natürlich war sie kreuzunglücklich und erzählte mir unter dem Siegel der Verschwiegenheit, wie sehr sie sich bemühe, ihre Schwiegertochter zu behandeln, ›als sei sie eine von uns‹, obwohl sie nur zu gut wisse, daß ›diese gemischten Ehen nie glücklich ausgingen‹.«[22]

So viel schöne Borniertheit ist sonst nur noch in Hamburg zu beobachten (gewesen). Wenn da die alte Senatorin, die selbstverständlich aus Pöseldorf stammte, dem vornehmsten aller vornehmen Viertel am rechten Alsterufer, wenn die Senatorin da hörte, daß ihre Nichte Lizzy nach Uhlenhorst hinübergeheiratet hat, dann seufzte sie ergeben: »Die werden wir ja nun so bald auch nicht wiedersehen. Die Alster trennt ja rrrraaasend.«

Ähnlich wie die Eidgenossen frozzelt sich in Deutschland auch ein Stamm, und das sind, Kunststück, die Schwaben. Sie sind bekannt gleichen Ursprungs.

Ich weiß, ich weiß, die Schweizer hören das nicht so gern, und sie haben sich im Laufe der Jahrzehnte auch ganz anders entwickelt, sprechen anders, leben anders, denken in vieler Beziehung auch anders. Trotzdem . . . Der Witz, oder sagen wir besser, die Witze beweisen die gemeinsamen Ahnen. Während ein Hamburger bei einem schwäbischen Scherz nachdenklich die Stirn kraust und auf eine Pointe wartet, die längst gekommen ist, lacht der Schweizer bereits (vom Berner abgesehen, aber den kriegen wir erst später). Der Deutsch-Schweizer tut das nicht etwa, weil er eine kürzere Leitung hätte, nein, sondern es ist Geist von seinem Geist, was dort verzapft wird. Viele Witze auf schwäbisch feiern ihre Wiederauferstehung im Schweizerischen und viele schweizerische im Schwäbischen.

Ein Beispiel auf schwäbisch:

Steht ein Soldat auf Wache im Ersten Weltkrieg. Er hat das Quartier zu bewachen, in dem der General Wundt sitzt, ein beliebter alter Haudegen. Der Soldat, noch jung, kriegsfreiwillig und Preuße dazu, hört ein Rauschen und Knacken im Gebüsch. Rums, hat er den Karabiner im Anschlag und ruft: »*Ist* dort jemand?« Das scharfe »st« seiner Heimat dabei betonend.

Aus dem Gebüsch kommt beruhigende Antwort: »Im Gege'toil, hier scheißt der General Wundt.«

In der Schweiz wird diese Geschichte von der »Frau Merian« an den Mann gebracht. Frau Merian ist (oder war) vornehmlich in Basel eine feststehende Type. Sie ist, wenn man so will, ein Destillat gewisser Stammeseigenschaften. Was außerordentlich von Selbstironie zeugt. Denn Frau Merian ist kein Pfiffikus, wie der Schäl und der Tünnes zum Beispiel, ihr fehlt die Bauernschläue eines Antek und Franzek, es mangelt ihr der Charme eines Grafen Bobby. Frau Merian ist nur begriffsstutzig.

Immer ist das Gegenteil dessen richtig, was Frau Merian denkt.

Wenn sie also fragt, wer dort im Gebüsch »ist«, kriegt sie zur Antwort: »Im Gägetil, Frau Merian.«

Und wenn sie, in Abwandlung dieses, Ohrenzeuge dumpfen Stöhnens aus einem anderen Gebüsch wird und fragt: »Um Gottes wille, wird dort jemand umgebracht!«, dann tönt es zurück: »Im Gägetil, Frau Merian.«

Die gute Dame also ist, wie der Berliner es ausdrükken würde, ständig im Rahmen, aber nie im Bilde. Die Schweizer nehmen sich in dieser Figur selbst auf den Arm. Und die Witze über die Berner haben die Berner

Hamlet in Bern

zum Teil selbst gemacht, und sie selbst lachen auch darüber. Sagt man. Manche glauben es sogar.

Auf das Stichwort »Berner Witz« sieht man einen Wald von Fingern sich recken. »Ach übrigens ich kenne da einen ganz neuen. Also ein Berner . . .«

Ganz neue gibt es nun gar nicht, und deshalb müssen wir die alten wiederholen, die alten guten. Und über einen guten alten Bekannten, den man fast vergessen geglaubt, freut man sich am meisten.

Den Berner Schneckenjäger, der wieder einmal ohne Beute nach Hause kommt, weil sie ihm alle entwischt sind, nein, den kann man eigentlich kaum noch bringen.

Und die berühmte, ganz ganz langsame Bewegung mit dem Finger durch die Luft mit der dazugehörigen Frage: »Was ist das?« Und die Antwort: »Ein Berner Blitz!« – Da hört man wohl auch die bekannte Bartaufwickelmaschine im Keller rasseln.

Dann also diesen hier: Ein aufgeregtes Männle (irgendein Welscher vom Lac Léman oder ein Tessiner) stürzt in der Berner Altstadt in die Kanzlei eines Berner Anwalts und sprudelt los: ». . . gehen wir selbstverständlich in die Berufung, ich muß schon sagen, daß ich einigermaßen empört . . ., und wenn es denn nun überhaupt kein Recht mehr geben sollte und . . ., als freier Schweizer darf man schließlich . . ., aber das ist so unsere Zeit, sie lügen, lügen und lügen der Justitia schamlos ins Gesicht, was der Gyggely vor Gericht da angegeben hat, da reicht ein Meineid nicht, aber der hat sich den richtigen Winkeladvokaten genommen, wie der Herr so's Gscherr, sage ich da nur, ein bißchen könnten wir natürlich auch forscher herangehen, um Gottes willen nicht unseriös, aber ich habe mir doch gedacht . . .«

74

In diesem Moment hebt der Anwalt den Kopf, schaut durch seinen Klienten hindurch und sagt: »Herein!«

Das Fräulein Jeanne aus Lausanne ist durch den Herrn Hasli aus Bern dem Ledigenstand entrissen worden, will sagen, sie haben geheiratet. Man fährt nach Venedig, gondelt tagsüber, ißt Spaghetti à la Napoli, rennt durch ein Dutzend Kirchen, sitzt abends auf dem Markusplatz und nachts, nachts liegt Jeanne im »Hotel Danieli« und wartet zitternd, daß es passiert.

Es passiert aber nichts.

Nun ja, der Klimawechsel, nicht wahr, und es kommt auch so feucht aus den Kanälen.

Zweite Nacht. Sie liegt zitternd und so weiter ... Die Muscheln im »Rialto« werden ihm halt nicht bekommen sein. Der Jüngste ist er auch nicht mehr.

Überschlagen wir die weiteren zwölf Nächte der Hochzeitsreise. Wir können das, weil auch in ihnen nichts passierte. Daheim in Bern wendet sich die junge Frau – Kanäle hin, Muscheln her! – in einer Mischung aus Empörung und Ratlosigkeit an die Schwiegermutter: Recht eigentlich und so hätte sie sich das alles ein wenig anders vorgestellt.

Schwiegermama erkennt die Berechtigung der Beschwerde an und fragt ihren Sohn unverblümt, warum er seine Ehe immer noch nicht vollzogen habe?

Sagt der Hasli, indem daß er bedächtig seinen Kopf hebt und der Mutter voll ins Antlitz schaut: »Ich hab' wäger nicht gewußt, daß es gar so pressiert.«

Pressieren tut es ihnen halt nie. Schwebt da eine Zürcher Seele himmelan, wobei sie ihrer irdischen Gewohnheit gemäß pausenlos versucht, mit anderen himmelan schwebenden Seelen ins Gespräch zu kommen

(Schweizer Sprichwort: Zürcher Mundwerk hat goldenen Boden!). Endlich gelingt es. Das Opfer ist eine Seele aus Bern.

»Gestatten Spörri, tödlich Verunfallter vom Limmatkai, Auto gegen Lastwagen. Ich hatte Vorfahrt. Wie ja auch ganz klar aus den Akten . . .« (Erklärt ausführlich den Hergang des Unfalls.)

»Sehr an-ge-nehm«, meint die Berner Seele, nachdem es ihr endlich gelungen ist, zu Wort zu kommen. »Aeschlimann, Kornhausplatz, Bern, gefallen bei Marignano, 1515.«

Wobei an dieser Stelle vermerkt sei, daß man sie unbedingt hören muß, die Schweizer Witze. Denn der Dialekt macht hier die eigentliche Musik. Ihn schriftlich wiederzugeben ist schwer für einen Schweizer und nahezu unmöglich für einen Nicht-Schweizer. Es gibt ja schließlich so viele Dialekte wie Kantone, und das sind, wie gesagt, fünfundzwanzig. Von den Varianten nicht zu reden.

»Chum ha-ni-s gseit, bi mi reuig gsi, u gärn hätt i-s zrugg gno, s'isch leider dusse gsi.«

So was wird nicht in der chinesischen Provinz Sinkiang gesprochen und auch nicht auf Feuerland, sondern in Bern. Die freie Übersetzung lautet: »Kaum hatte ich es gesagt, da bereute ich es schon wieder. Ich hätte es gern zurückgenommen, aber es war nun ausgesprochen.«

So einfach ist das. Und weil das so ist, wollen wir es lieber lassen und jedem empfehlen, er möge sich das Kapitel von einem Schweizer vorlesen lassen. Wer gerade keinen zur Hand hat, betone grundsätzlich alle ersten Silben (Móral statt Morál und Réstaurant statt

Restauránt) und lege gelegentlich einen Rachenlaut ein (Milchbecherchen ist ein gutes Trainingswort). Des ferneren spreche er sehr sehr langsam. Das ist dann zwar noch immer kein Schweizerdeutsch, und den Schweizern zieht's förmlich die Schuhe aus, wenn sie es hören, aber es ist doch besser als gar nichts.

»Ein Bös Deutsch«, hat Luther über das gesagt, was die Schweizer sprechen, »einer möcht schwitzen, eh er's verstünde.«

Dafür gleich noch eine Probe. Zum Selbstübersetzen.

Kleines Bernerkind starrt auf den die Stadt behütenden Gurtenberg und fragt: »Muetti, hets hingerem Gurte o Lüt?«

Antwort der Muetti: »Cha scho sy, aber mir wei nit grüble.«

Und weiter. Scherzfrage: Was ist das? ›Bumm (fünf Minuten Pause) bumm (fünf Minuten Pause), bumm (fünf Minuten Pause)?

Eine in Bern hergestellte Maschinenpistole.

Einem Berner kann es deshalb passieren, daß er plötzlich und beim Gottesdienst wie ein Irrer anfängt, vor sich hin zu kichern. Zum starken Befremden des Ortsgeistlichen.

Nur weil er am Abend vorher im Kabarett gewesen war. Da hat er so viele neue Witze gehört. Und über die Pointen, na darüber lacht er eben jetzt erst.

Fangen wir bei dem folgenden Geschichtchen zur Abwechslung einmal mit der Pointe an. Auf dem Operationstisch liegt ein Sterbender. Seine Lippen formen ein letztes Wort. Der Chefarzt beugt sich hinab. Er hört, wie der Mann flüstert: »*Drei*...«

Exit.

Es stellte sich heraus, der Mann war Fallschirmspringer und hatte vor dem ersten Sprung von seinem Instrukteur die Weisung erhalten, bis drei zu zählen und dann die Reißleine zu ziehen.

Der Mann stammte aus Bern . . .

Da die Zürcher und die Basler am meisten über diese Berner Geschichtchen lachen sollen, wollen wir uns flugs ihnen zuwenden. Sie entstammen zwei Städten, die sich gegenseitig nichts schenken. Nun ist es nicht so, daß sich die Zürcher und die Basler nicht mögen, nein, sie verabscheuen sich nur ein bißchen. Selbstverständlich sprechen sie sich gegenseitig den Humor ab.

»Im Urteil der Basler, die im freundeidgenössischen Hausstreit mit den Zürchern leben«, meint einer, der an der Limmat wohnt, »und ihren eigenen von niemandem bestrittenen Witz geradezu zur Weltanschauung erhoben haben . . ., ist Zürich eine Stadt ohne Zentrum, ein ins Halbgigantische gewachsenes Seldwyla, ein zu Macht und Reichtum emporgekommener Parvenue, ohne Stil und Noblesse und Charakter. Wie sollte auf solchem Asphaltboden Humor gedeihen können?«[23]

Wer durch die berühmte »Bahnhofstraße« wandelt (die früher den viel schöneren Namen »Fröschengraben« trug), mag dem Basler recht geben. Die Leute tragen Ernst zur Schau und eine Aktentasche in der Hand. Prima vista glaubt man endlich zu wissen, warum es in Zürich halb so lustig zugeht wie auf dem Wiener Zentralfriedhof. Und warum man vom Hotelportier das Kursbuch gereicht bekommt mit den Anschlüssen nach Genf, Lausanne, Ascona und Basel, wenn man nach dem Nachtleben der Stadt gefragt hat. Und warum hier mit dem Glockenschlag eine . . ., nun ja, Kirchhofsruhe herrscht. Und warum die Befürworter der Beibehaltung von Nachtcafés seinerzeit so schmählich den Nicht-Befürwortern der Beibehaltung von Nachtcafés unterlegen sind – in jener denkwürdigen, die Welt schmunzeln machenden Abstimmung.

In Bonn pflegte der Hotelportier, wenn man ihn nach dem Nachtleben der bundesdeutschen Hauptstadt fragte, schlicht zu antworten: »Die Dame ist heute in Köln.«

Das trifft nun für Zürich in keiner Weise zu. Die »Damen« dort sind nicht in Bern, Lausanne oder Genf, sondern in den Kneipen rund ums Bellevue, an der Seefeldstraße, im Stampfenbachquartier und ganz apart in der Altstadt.

Vielleicht ist das den Zürchern ein bißchen genant. Bestimmt ist es ihnen genant. Es will auch so gar nicht in das Bild passen, das man von dieser Stadt gemacht hat. Der Herr Füssli antwortet denn auch auf die befremdende Frage eines Fremden, woher alle diese Damen kommen und, vor allem, wovon sie so auskömmlich leben: »Der Touristenverkehr aus Basel hat in letzter Zeit so stark zugenommen.«

Das ist eine Erklärung und gleichzeitig ein Schlag auf den Solarplexus des geliebten Erzfeindes. Außerdem zeugt sie von feinsinnigem Humor. So ganz ohne ist er also doch nicht, der Zürcher.

Gelegentlich wallt er sogar in ihm hoch. Der Humor. So wie eine Limonade, die man vergessen hat kalt zu stellen. Dann wird er nahezu bacchantisch. Jedenfalls kommt es zu Fastnacht in einigen Straßen der Stadt zu wahren Orgien. Wie, dazu möchte ich einem der Ihren das Wort erteilen. Der es schließlich wissen muß.

»Fastnacht. Mit diesem Namen bezeichnet man in Zürich irreführenderweise ein Lokalfest«, schreibt der Doktor Hans Gmür[24], »das punkto Originalität und Lustigkeit etwa zwischen einem Lichtbildervortrag über die Gefahren des Stumpenrauchens und einer stillen Kremation einzuordnen wäre. Die Zürcher Fastnacht sucht die Stadt in zwei Etappen heim. Sie heißen *Herrenfastnacht* und *Bauernfastnacht* und folgen sich im Abstand von einer Woche. Die Herrenfastnacht geht meist völlig unbemerkt vorüber. An der Bauernfastnacht gelingt es Vereinzelten, sich zu amüsieren.« Es sind dies:

Die kindlichen Gemüter, die am Fastnachtsmontag die große Konfetti-Schlacht an der unteren Bahnhofstraße mitmachen. Im allgemeinen beschränken sie sich darauf, ihren Mitmenschen pfundweise Konfetti ins Gesicht zu schmeißen.

Die Schalkhaften, die, mit einer Pappnase und zwei Papierschlangen ausschweifend kostümiert, durchs Niederdorf stürmen und immer wieder ihren goldigen Humor beweisen, indem sie jedem Passanten verschmitzt ins Ohr flüstern: »Gäll, du kännscht mi nöd!«

Die Neunmalklugen, die den ersten Zug nach Basel nehmen.

Basel, ja, die Basler haben auch so was, aber das schreibt sich erstens ohne »t«, *Fas*nacht, und zweitens ist es natürlich überhaupt nicht zu vergleichen. Die Basler Fasnacht, das ist was! Was Naturkatastrophales, Dumpf-Exotisches, Versteckt-Erotisches, Saturnalisches. Mit ihren Käsewaije (Kuchen mit Emmenthaler), Zibelewaije (Kuchen mit Zwiebeln), ihren Pfyffer und Tambouren, dem Intrigiere und Guggenmusiziere, den Schnitzelbänken und Monschter und Drummeli und . . .

Rückfall ins Heidentum, Ausflug in das Unbewußte, Erholung vom allzu vorgezeichneten, allzu reglementierten, allzu alltäglichen Alltag. Das ist sie, die Basler Fasnacht.

Das heißt, man hat gehört, daß sie das alles sein *soll*. Nichts Genaues weiß man nicht. Nur selten nämlich gelingt es einem Ausländer, zur Fasnacht nach Inner-Basel vorzudringen. Sie sind in diesen Tagen fremdenfeindlicher als die Indianerstämme am oberen Amazonas, die Basler. Sie wollen in diesen Tagen sich von niemandem in die Töpfe gucken lassen. Sie wollen nur über sich selbst lachen.

Wir sprachen von Saturnalien, aber so saturnalisch kann es auch wieder nicht zugehen. Was die Basler Geburtsstatistik schlagend beweist. Die höchste Zahl der Geburten wurde nämlich noch nie neun Monate nach der Fasnacht registriert. Was beispielsweise für Köln nach wie vor selbstverständlich ist. Auch in Münchens Frauenkliniken sprach man jahrzehntelang von »Oktoberfest-Kindern« (Ende-Juni-/Anfang-Juli-Geborene), von »Faschings-Bankerten« (zur Welt gebracht von den Februar- und März-Gefallenen) und »Starkbier-Babys«.

Basel dagegen verzeichnet seine höchste Geburtenzahl ein Dreivierteljahr nach dem eidgenössischen Buß- und Bettag.

»Was sollen die Leut an den langen dunklen Abenden schon anfangen?« hatte der Bürgermeister eines Dorfes im Oderbruch geantwortet, als sich Friedrich der Große über die Unzahl von Kindern in den Straßen baß verwunderte . . .

»Das Schweizervolk ist der Prototyp eines Kleinbürgervolks; es ist absolut auf den kleinen Mann hin typisiert. Und der Hochmut der Schweizer ist ungeheuerlich. Bei der Mehrheit äußert sich dies in Scheelsucht und Grobheit. Die Schweiz wähnt das Land der Freiheit zu sein und ist heute in Wahrheit das der äußersten Enge. Sie sparen, sparen, sparen grenzenlos. Ihnen fehlt absolut das Verständnis für das Ideal der schenkenden Tugenden. Ja, leider ist es so: Die Schweizer sind heute das unadlige Volk par excellence. Ihnen kann nur eine nationale Psychoanalyse helfen . . .«

Starke Worte. Und die Eidgenossen haben gar nicht darüber lachen mögen, als sie gesprochen, das heißt, geschrieben wurden. Der baltische Graf Hermann Keyserling zeichnete Ende der zwanziger Jahre dafür verantwortlich. In seinem Buch *Spektrum Europa*.

Die Wogen der Erregung gingen damals hoch. Nicht nur in der Schweiz, sondern auch im restlichen Europa. Einige waren für den Grafen, die meisten gegen ihn. Die Gegner wehrten sich mit Zeitungsartikeln, Vorträgen, ja mit ganzen Büchern. »Da das Werk wegen seiner Ausgelassenheit und Unverfrorenheit andauernd viele Leser findet und geeignet ist, den Kredit des schweizerischen Namens im Ausland zu schädigen.« Deshalb.

Dabei hatte das ruchlose Machwerk doch nur aufgezeigt, wie viele Freunde die Schweizer in aller Welt haben.

Auch hier siegte schließlich das Lachen. Über eine gewisse Humorlosigkeit auf beiden Seiten. Das Lachen über einen Schüttelreim klassischer Prägung. Er lautete: »Als Gottes Odem leiser ging, schuf er den Grafen Keyserling.«

»Bei der Sparsamkeit der Schweizer handelt es sich in

volkscharaktereologischer Hinsicht um eine in ihren letzten Wurzeln bäurische Eigenschaft. Sie entstand auf einem Boden, der freiwillig nichts hergab, in einer Natur, mit der der Mensch ringen mußte. Das Land, heute wie ein gepflegter Garten anzusehen, war nicht immer ein Garten . . . Der Wohlstand ist also durch Zähigkeit, Sparsamkeit und hartnäckige Arbeit erworben.«[25]

Es gibt eine Menge Geschichten über den Geiz der Schweizer (den wir höflicherweise weiterhin »Sparsamkeit« nennen wollen), so wie es eine Menge Witze über die Zerstreutheit der Professoren gibt, über die Verkalktheit der Serenissimi, die Borniertheit der Militärs, den Zynismus der Chirurgen, die Heuchelei der Pastoren, die Frechheit des kleinen Fritzchen und so fort, es gibt jedoch in jeder Gattung einen, der platterdings nicht mehr zu übertreffen ist.

Der Herrgott hatte gerade den Schweizer erschaffen und war dementsprechend erschöpft. Er saß auf einem kurz zuvor geschaffenen Stein, strich sich den Bart und fand den Schweizer gar nicht so schlecht, wie ihn der Keyserling später machen sollte.

»Bist du zufrieden?« fragte der Herrgott.

»Nun . . .«, sagte der Schweizer und kratzte sich den letzten Lehm hinter den Ohren weg. »Ein paar Berge hätt' ich schon gern noch.«

»Bitte schön«, sagte der Herrgott und schuf.

»Küh wärn nit schlecht«, sagte der Schweizer nach einem fachmännischen Blick auf die fetten Almwiesen.

»Bitte schön«, sagte der Herrgott. Es kam ihm überhaupt nicht drauf an.

Der Schweizer begann sofort zu melken. Er starrte auf die schaumige, von glücklichen Almkühen stammende

Milch, überlegte einen Moment und kredenzte dann dem Herrgott einen halben Becher voll.

»Schmeckt göttlich«, sagte der Herrgott und reichte den Becher wieder zurück. »Hast du sonst noch einen Wunsch?«

»Einen Wunsch nicht«, sagte der Schweizer, »aber eine Forderung. Da wären fünfundneunzig Räppli für die Milch.«

Da wir gerade in den frühesten Tagen der Menschheit weilen, also kennen Sie den?

»Wer war derr erschte Mensch, Jakoebli?« fragt der Lehrer in einer Appenzeller Dorfschule.

»Der erschte Mensch, des isch der Wilhelm Tell g'wi.«

»Tomme Kärli! 's war doch der Adam.«

»Jo, wenn er die Ausländer mitrechnet.«

Dankbar ist auch das Thema »Frauen in der Schweiz«. Sie wissen ja, die durften nicht. Inzwischen dürfen sie. Alle. Selbst die Appenzellerinnen. Nämlich zur Wahlurne schreiten. Aber dieses Thema ist nachgerade schier zu Tode geritten worden. Selbst Nicht-Schweizer winken müde gähnend ab, wenn die Rede darauf kommt. Und kein besseres Kabarett könnte es sich mehr leisten, das Thema.

Wohin es führt, wenn die Gleichberechtigung endlich erstritten ist, merken wir in Deutschland, wo jener männliche Stoßseufzer bisweilen die Situation charakterisiert: »Wie es mir geht? Ach wissen Sie, Hauptsache, man ist gesund und die Frau hat Arbeit.«

Natürlich sind auch die Sitten in der Schweiz schon ein bißchen am Verwildern. Wer lange nicht dort war, dem springt es geradezu ins Auge, daß in den Restaurants, den Theatergarderoben, ja selbst an häuslichen

Kleiderablagen immer weniger Frauen ihren Männern in die Mäntel helfen.

Im übrigen glaube ich nicht an die Unterdrückung der Eidgenossin. Vielleicht hat sie nicht viel zu sagen, aber das wenige ist wichtig, wichtiger, am wichtigsten.

Es ist so wie in jener Geschichte von den beiden Stammtischbrüdern, die sich über die Gleichberechtigung in der Ehe unterhalten.

»Wie ist das bei dir?«

»Nun, wir haben uns da geeinigt im Laufe der Jahre. Die kleineren Sachen entscheidet meine Frau. Also zum Beispiel, was eingekauft wird, wo ich arbeiten soll, wie das Gehalt verteilt wird, wie die Kinder erzogen werden, wann und wohin in Urlaub gefahren wird. Die großen Entscheidungen behalte ich natürlich mir vor.«

»Welche sind denn das?« fragt baß erstaunt der andere.

»Nun, wie die Russen und die Amis sich am besten einigen. Ob wir *alle* Staaten der GUS anerkennen sollten oder nicht. Ob es nicht besser wäre, total abzurüsten, und was im Falle Jugoslawien zu tun ist.«

Zwei Männer stehen an der Theke eines Bistros. Der eine hat neun Vin rouge intus, der andere neun Vin blanc. Ein Zustand, bei dem Männer anfangen, sich Geständnisse zu machen, bei dem sie über Dinge sprechen, die sonst relativ tabu sind. Zum Beispiel über ihre Frauen.

»Und bei euch«, meint Georges und malt mit dem feuchten Fuß seines Weinglases Kringel auf die Thekenplatte, »bei euch, da ist . . ., hm, noch alles in Ordnung. Ich meine, alles . . .«

»Alles«, sagt Marcel und grinst. »Du, ich habe mir schon oft überlegt, was andere eigentlich machen, ich meine, danach. Zigarette, na, das ist klar, aber drehst du dich gleich zur Wand, oder plauderst du noch ein bißchen mit deiner Frau?«

»Wenn das Telefon auf dem Nachttisch steht, dann ja«, antwortet Georges.

Über diesen Witz können Franzosen sich ausschütten vor Lachen. Er trifft nämlich den Kern. Nicht etwa den ihrer Moral, aber den ihres Witzes. Und das ist die Untreue. In diesem Falle ist es der Ehemann. Aber die Frau, mit der er im Bett liegt, ist eine Ehefrau. Und die setzt damit zwangsläufig jemandem die Hörner auf.

Der gehörnte Ehemann heißt im Französischen »le

cocu«. Im Deutschen wird das mit »Hahnrei« übersetzt. Ein Hahnrei ist, laut Brockhaus, ursprünglich ein Kapaun, im übertragenen Sinn der Mann einer untreuen Ehefrau. Er wird als Gehörnter dargestellt, da den Kapaunen die entfernten Kampfkrallen wie Hörner in den Kamm eingepflanzt wurden.

Der Cocu hat eine feste Tradition. Er tappt durch das Gros aller Boulevardstücke. Unvorstellbar, was mit Sardou geschehen wäre, was mit Labiche, Courteline, Cromelynck, Mazaud, wenn es ihn nicht gegeben hätte. Wahrscheinlich wären sie verhungert. Selbst Molière konnte nicht auf ihn verzichten. Und die Boulevardiers der fünfziger und sechziger Jahre auch nicht.

»Wenn es darum geht, eine Weltkarte des Lachens zu zeichnen«, schrieb Marcel Pagnol als Mitglied der Académie française, »möchte ich, daß sie in der Art jener Bildkarten entworfen wird, auf denen man in der Sahara ein Kamel unter einem Palmenbaum erblickt, einen schweren Sack mit Kaffee mitten in Brasilien und eine Klapperschlange neben einem Indianer im Matto Grosso. Man könnte auf dieser Karte in Frankreich einen wohlbeleibten, ziemlich kahlköpfigen Mann darstellen, der unter einem riesigen Hörnerpaar ein vertrauensvolles und heiteres Lächeln zeigt.«[26]

Aus diesem Grunde blühen die Gehörnten-Witze in Frankreich wie die Butterblumen auf einem Kuhfladen. Sie sind im Dutzend billiger und deshalb nicht alle gut. Die wenigen guten aber sind wahre Perlen.

Perle Numero 1. Jean, der seit Tagen an einer schweren Heiserkeit leidet, besucht außerhalb der Sprechstunden seinen Hausarzt. Die Frau Doktor, eine junge hübsche Person, öffnet ihm.

»Ist der Doktor zu Hause?« flüstert Jean, heiser wie er ist.

»Er ist auf dem Land«, antwortet die junge Frau mit der gleichen gedämpften Stimme. »Kommen Sie schnell herein.«

Perle Numero 2. Marcel kehrt aus Algerien zurück, wo er den Großteil seiner Dienstzeit verbracht hat. Seine Frau Yvonne empfängt ihn, fiebernd vor lang unterdrückter Leidenschaft, und es dauert auch keine Stunde, bis die Rolläden im Schlafzimmer herunterrasseln. Gegen Mitternacht, als die beiden in seligem Schlaf erschöpft dahindämmern, hämmert der betrunken nach Hause kommende Nachbar versehentlich an ihre Tür.

Marcel schreckt hoch, fragt schlaftrunken: »Verdammte Scheiße, dein Mann?!«

»Quatsch«, meint Yvonne und dreht sich seufzend auf die andere Seite, »der ist doch in Algerien.«

Da ist die Frau, die während des Schäferstündchens einen Telefonanruf kriegt und auf den fragenden Blick des Geliebten antwortet: »War nur mein Mann. Er verspätet sich ein bißchen, weil er mit dir bei ›Antoine‹ sitzt und pokert.«

Und da ist – absoluter Höhepunkt der ganzen Gattung – der Ehemann am Grabe seiner Frau, der den hemmungslos schluchzenden Freund mit den Worten in die Rippen stößt: »Flenn nicht so, ich heirate ja bald wieder.«

Wenn Witze mehr über ein Volk verraten können als ganze völkerpsychologische Essays, dann – stimmt das hier überhaupt nicht. Der ewig Gehörnte setzt voraus, daß es in Frankreich von jenen Frauen wimmelt, die ihnen diese Hörner aufsetzen. Es gibt aber nichts Braveres, oder sagen wir, Bürgerlicheres unter der Sonne als die Französin. Deutsche, Engländerinnen, Schwedinnen, Österreicherinnen sind, Touristen werden's bestätigen, wesentlich leichter zu *kriegen* als Französinnen.

Woher aber dann die Witze und ihre Beliebtheit? Sie werden ja nicht ausschließlich von Fremden erfunden worden sein.

Sind sie auch nicht. Denn sie haben eine Tradition. Ihre Wurzel liegt im Frankreich der Ludwigs, der Pompadours, Montespans, Dubarrys; in einer Zeit, in der die La Vallière von einem Landedelmann sagen konnte: »Perverser Kerl, ist seiner Frau treu«; in der der fünfzehnte Ludwig achtzig Bastarde, sprich uneheliche Kinder, hinterließ, und der vierzehnte Ludwig den Ehemännern der Frauen, die er begehrte, zum Zeichen dessen ein Schnupftuch zuwarf. Ein Zeitalter also, ein galantes, mit geringem Treuekurs und großer Lust am Hörneraufsetzen.

Wenn nun auch Frankreichs Frauen bürgerlicher sein mögen als viele ihrer europäischen Nachbarinnen, so haben sie ihnen doch eins voraus: und das ist ihr unbefangenes Verhältnis zum Sex. Der Jean küßte seine Jeanne bereits ganz öffentlich auf der Straße, als man dafür in Italien noch ins Gefängnis mußte. Die Sexualität gehört zum Lebensgenuß so wie das gute Essen. Beides hat man im Laufe der Jahrhunderte außerordentlich verfeinert, raffiniert. Und auf beiden Gebieten ist nicht der Gourmand das erstrebenswerte Ideal, der Vielfraß, sondern der Gourmet, der Feinschmecker.

Wenn Frau Meyer erfuhr, daß ihr Sohn im Bordell war, so fühlte sie sich und die Familie entehrt, dachte an

Strick und Zyankali und ließ die mißratene Frucht ihrer Lenden auf ein Schiff nach Amerika bringen.

Frau Dupont hielt einen Augenblick inne bei der Bereitung einer besonders köstlichen Meurette de Bourgogne und sagte: »Eh bien, ça cela ce fait.« Irgendwann mußte er ja herausfinden, aus welchem Grunde der liebe Gott in einer wahrhaft göttlichen Anwandlung die Menschen verschiedenartig ausgerüstet hat. Ihr wäre es viel peinlicher gewesen, wenn man den Filius stinkbesoffen in einem Rinnstein der Place Pigalle aufgefunden hätte. Denn das gehörte sich ja nun tatsächlich nicht.

Gewiß, heute wird sich auch Frau Meyer über ihren frühreifen Sohn nicht mehr sonderlich aufregen. Aber ein ungebrochenes Gefühl zum Sex hat sie deswegen noch lange nicht. Wenn jemand einen gepfefferten Witz erzählt, geht sie zwar nicht rasch mal vor die Tür, aber sie entrüstet sich. »Heinz-Werner«, sagt sie vorwurfsvoll und haut ihrem Mann scheinheilig-vorwurfsvoll auf die Finger, »das ist nichts für das Ohr einer Dame.«

Frau Dupont aber kann sich ausschütten vor Lachen. Sie lacht und sagt immer wieder: »Oh, quelle délicatesse!« Vorausgesetzt natürlich, daß der Witz tatsächlich delikat ist. Der unanständige Witz, die Zote, wird nur erträglich, wenn er mit Charme serviert wird. In diesem Falle kann man ihn selbst in bester – französischer – Gesellschaft erzählen.

Ein Beispiel.

Fips, der Affe, kommt total erschöpft nach Hause. Er hat noch nicht mal die Kraft, auf seinen Baum zu klettern.

»Was war'n?« fragt sein Kumpel neugierig, der auf dem untersten Ast seinen Schlafplatz hat.

»Ach, ich hab's mit 'ner Giraffe getrieben.«

»Na und?«

So, und jetzt kommt die Pointe. In Deutschland wurde sie mir auf folgende Weise erzählt. Auf das »Na und« antwortet Fips: »Mal küssen, mal bumsen, das hat mich total geschafft.« In Frankreich dagegen antwortet der Affe: »Du kennst eben die Giraffen nicht. Ein Küßchen, ein Stößchen, ein Küßchen, ein Stößchen.«

Wie sehr sich Deutschland und Frankreich voneinander unterscheiden, dafür bringt Peter Ustinov, britischer Staatsbürger russischen Geblüts und französischer Zunge, das Beispiel von den beiden Höllen.

»Wir haben hier zwei Höllen«, belehrt Petrus einen Neuankömmling, »eine deutsche und eine französische.« – »???« – »In der deutschen Hölle mußt du jeden Tag Scheiße fressen, wirst mit einem Vorschlaghammer geweckt und mit einem Hammerschlag wieder in den Schlaf geschickt.« – »Und in der französischen?« – »Mußt du jeden Tag Scheiße fressen, wirst mit einem Vorschlaghammer geweckt und mit einem Hammerschlag wieder in den Schlaf geschickt.« – »Wo ist der Unterschied?« – »Unter uns, ich würde dir die französische Hölle empfehlen«, meint Petrus. »Einen Tag keine Scheiße, am anderen Tag keinen Hammer . . .«

Bei dieser Gelegenheit rasch noch zwei Tierwitze, die in Frankreich kursieren und noch nicht exportiert worden sind. Numero 1 hat den Papagei als Helden. Neben dem Affen übrigens der Held der meisten Tierwitze.

Danielle hat Urlaub. Sie schlüpft aus dem Bett, zieht die Jalousie hoch, setzt das Kaffeewasser auf und nimmt das Tuch vom Käfig ihres Papageis. Da klingelt das

Telefon. Jeanne nimmt den Hörer ab, strahlt, lacht, flüstert: »Oui, oui, oui, oui, oui, mon petit, j'attends«, legt den Hörer auf, nimmt das Kaffeewasser vom Herd, zieht die Jalousie herunter, deckt das Tuch wieder über den Käfig und legt sich ins Bett.

In diesem Moment hört sie, wie der Papagei sagt: »Wieder mal 'n scheiß kurzer Tag heute.«

Tante Delphine besucht mit ihren beiden Nichten den Zoologischen Garten. Sie bestaunen die Löwen, drükken sich im Aquarium die Nasen platt an den Scheiben, lachen über die Seelöwen, fürchten sich vor den Elefanten und stehen plötzlich vor dem Schild »Zum Affengehege«, das sie mit lautem Jubel begrüßen.

»Affen«, denkt Tante Delphine, »das kennt man ja, das kann unter Umständen peinlich werden. Am besten, ich peile vorher mal die Lage.«

Sie sagt zu den lieben Kleinen, sie mögen sich hier ein bißchen auf die Bank setzen, und macht sich auf zum Affenkäfig. Ihre düsteren Ahnungen, so muß sie kurz darauf feststellen, waren nicht übertrieben: Die eine Hälfte des Rudels widmet sich konzentriert dem Geschlechtsverkehr, während die andere Hälfte stillvergnügt onaniert.

Tante Delphine starrt betreten auf ihre Tüte mit Erdnüssen, wendet sich dann mit zager Stimme an den Wärter. »Sagen Sie, Monsieur, wenn man ihnen Erdnüsse gibt, ob sie dann aufhören?«

Der Wärter: »Würden *Sie* aufhören?«

Diesen Witz hörte ich im Hause einer Familie aus besten Lyoner Kreisen, wo ihn die Tochter (!) des Hauses unter allgemeinem Entzücken zum besten gab. Wochen später erzählte ich ihn im Kreis einer Familie aus besten

Zürcher Kreisen. Mit dem Ergebnis, daß ich seitdem immer an Curt Goetzens Oberst denken muß, der zu einem seiner Leutnants sagt: »Zitzewitz, Sie dürfen sich hier alles erlauben. Sie werden sowieso nicht wieder eingeladen.«

Woanders lacht man eben oft ganz anders, das heißt: über was ganz anderes. Über den Gehörnten zum Beispiel würde ein Spanier keine Miene verziehen. Eine solch traurige Figur läßt ihn nicht lachen, sie erregt allenfalls seinen Abscheu. Auch der Engländer findet den Hahnrei nicht sonderlich komisch, er ist ihm eher etwas genant.

Der bereits zitierte Pagnol erzählte, wie er einmal zwei Franzosen und zwei (perfekt Französisch sprechenden) Amerikanern die Boulevardkomödie *Dardamelle* von Emile Mazaud vorlas. In diesem Stück spielt, wie bereits erwähnt, ein Cocu die Hauptrolle. Während nun die beiden Franzosen bei der Lesung immer wieder schallend lachten, wurden die Gesichter der Amerikaner lang und länger. Nach dem Grund gefragt, erklärten sie, daß sie den betrogenen Ehemann nicht komisch finden könnten, sondern eher bemitleidenswert. In ihren Augen sei er das Opfer eines Vertrauensmißbrauchs, ja eines Diebstahls. Für sie hatte der Mann so etwas wie einen körperlichen Mangel, und über so was lacht man nicht.

Der Franzose aber lacht sehr wohl über einen körperlichen Mangel, und zwar ausgiebig. Hier kommt das gallische Element im französischen Humor zum Vorschein, die sogenannte Gauloiserie. An ihrem Beginn steht François Rabelais, der im 16. Jahrhundert lebte. Als Mönch, Arzt und Pfaffe war er in seinem berühmten

Buch vom Leben des Riesen Pantagruel nicht zimper-
lich in der Wahl seiner Themen und Worte. Bei ihm
geht es südlich der Gürtellinie derb her, farbig, grotesk,
zuchtlos, überströmend. Nackte Hintern, beim Sturz
entblößte weibliche Schamteile, Fäkalisches, Petomani-
sches, das ist beim Gallischen Trumpf, es wird uriniert,
defäziert, koitiert, daß es keine Art hat.

Der Esprit gallois bildet mit seiner Derbheit den Ge-
genpol zum Esprit français. In den Zeichnungen vieler
zeitgenössischer französischer Karikaturisten hat er seinen festen Platz.

Die grüne Witwe, die es mit dem Gasmann treibt, der
Hausfreund im Kleiderschrank, die Gattin im Nacht-
hemd mit dem Nudelholz, ihren Mann erwartend, der
Hausherr im Zimmer des Dienstmädchens, die einsame
Insel mit einem Mann und zwei Frauen oder umgekehrt,
so lauten ihre eindeutigen Themenkreise. Hervé, Kiraz,
Don, Gus, Harvec heißen die bekanntesten unter ihnen.
Der allerbekannteste aber ist Dubout, in Deutschland
durch seine Illustrationen zu *Clochemerle*, dem sündigen
Dorf, den Lesern vertraut.

Dubout wird von einem Teil seiner Kritiker mit
Breughel verglichen. Ein Vergleich, der von dem anderen Teil für maßlos übertrieben gehalten wird. Irgend
jemand hat ausgerechnet, daß auf seinen Zeichnungen
im Durchschnitt etwa einhundertfünfundneunzig Personen abgebildet sind. (Absoluter Rekord sind die dreitausend Philister in seinem Gemälde *Samson im Kampf
gegen dreitausend Philister*.) Diese Personen zeichnen sich im
wahren Wortsinn durch ihre abstruse Häßlichkeit aus:
Die Frauen tragen Damenbart, haben Knollennasen,
Warzen, Pickel und Hängebrüste, die Männer sind un-

rasiert, schweinsgesichtig, schieläugig, fettbäuchig und lächerlich gekleidet.

Dubout privat paßt sich dem an. An den Wänden seiner Wohnung in der Pariser Rue Suger baumeln Dutzende von Lorgnons, Perücken, Bärten, Brillen, falschen Nasen. Requisiten, mit denen er sich gelegentlich als »häßlicher Zwerg« verkleidet, um durch die Straßen von Paris zu geistern.

Wer über Dubouts Figuren lacht, lacht meist aus Schadenfreude. Sprich: aus Freude am Schaden, den andere Menschen an ihrem Äußeren mit sich herumschleppen.

Pierre Daninos, der sich um das Lachen Europas so verdient gemacht hat durch seinen unsterblichen Major Thompson, und damit um die Verständigung der europäischen Völker untereinander, Daninos schreibt:»Der Herzog von York könnte die größten Füße der Welt haben: sie wären dennoch die Füße eines Mitglieds der königlichen Familie, und diese Füße würden in einem englischen Lichtspieltheater bei der Vorführung der Wochenschau niemals das Lachen entfesseln. In Frankreich ist das Gegenteil der Fall. Ein Präsident der Republik braucht nur Schuhgröße 44 zu haben – und man betrachtet nur noch seine Füße. Je höher der Würdenträger im Rang steht, desto mehr entfesseln die geringste Unvollkommenheit in der Kleidung, die geringste Lächerlichkeit im Sichgeben oder in der Aussprache das Lachen. Wenn der gute Präsident Lebrun – um nur ihn zu erwähnen – auf einer Leinwand erschien, dauerte es noch keine dreißig Sekunden, und im ganzen Saal hallte ein schallendes Gelächter auf. Seine Schuhe waren vielleicht gar nicht so riesig, aber da die Feder der Karikaturisten sie stets unmäßig groß darstellte, hatten sie in der Vorstellung des Publikums eine derartige Bedeutung angenommen, daß sie geradezu legendär geworden waren.«[27]

Was Lebruns Füße in den dreißiger Jahren waren, nämlich ein Fressen für die Karikaturisten, das war de Gaulles Nase in den sechziger Jahren. Ein Buch könnte man füllen mit den Abertausenden von Nasen und ihren verschiedenartigen Funktionen. Die Geschichtsschreiber des dritten Jahrtausends werden vielleicht die eine oder andere Tat des Generals nicht als historisch empfinden, um seine Nase aber kommen sie nicht herum. Die Witzbolde haben sie längst zum Symbol der Fünften Republik gemacht.

Charles selbst zeigte sich nicht gerade als Repräsentant französischen Humors. Wie alle Autokraten war er empfindlich, wenn es sich um seine eigene Person handelte. Er entblödete sich nicht, gegen die eigene Nase Sturm zu laufen, wenn dieses abenteuerliche Bild einmal gestattet sei. Und sie wurde tatsächlich kleiner. Um soviel kleiner, wie die Freiheit kleiner geworden war.

Der Esprit français steht dem Esprit gallois diametral gegenüber. Wenn dort Derbheit und Deftigkeit walten, triumphiert hier das geschliffene Bonmot, der geistreiche Aphorismus, die Delikatesse des Wortspiels. Im »mot«, dem »Wort«, wie der Franzose das nennt, findet der Esprit français seinen Ausdruck. Das »mot« war ursprünglich eine Domäne der eleganten Welt. Von den Aristokraten, den Künstlern, den Höflingen erwartete man nicht unbedingt, daß sie Vermögen besaßen. Aber wenn sie schon keins hatten, mußten sie zumindest witzig sein. Mit einem Bonmot konnte man berühmt werden am Hofe, es konnte einen aber ebensogut vernichten.

»Diese Sprache hat die feinsten Zahnräder, mit denen sie alles ergreift, was ihr zu nahe kommt«, schrieb Kurt Tucholsky, als er sich als Korrespondent der *Weltbühne* in Paris umtat. »Und selbst der leichte Tadel bekommt eine liebenswürdige Melodie, wenn er so ausgesprochen wird, wie es jener Curé tat, der am Weihbecken seiner Kirche eine bis zur Grenze des Unmöglichen dekolletierte Dame antraf. ›Wenn Sie nur zwei Finger hineintauchen wollen, Madame‹, sagte er, ›hätten Sie sich nicht auszuziehen brauchen.‹ . . . Es gibt unter den französischen Witzen natürlich viele, die überhaupt nicht zu übersetzen sind. So zum Beispiel jener bezaubernd schöne Ausspruch eines Marseiller Malers: ›Quand on a mangé de l'ail, il ne faut parler qu'à la troisième personne.«[28]

Sascha Guitry, der um seine Meinung über die immer stärker um sich greifende Seuche der ehelichen Untreue gebeten wird, seufzt: »Eh bien, die Ketten der Ehe sind im Laufe der Zeiten so schwer geworden, daß man sie tatsächlich nur zu dritt tragen kann.«

Das ist ein »mot«. Und Voltaires Antwort auf die Frage, warum er, der weltbekannte Atheist, eigentlich den Hut vor dem auf der Straße vorbeigetragenen Allerheiligsten ziehe: »Wir sprechen nicht mehr miteinander, aber wir grüßen uns noch«, ist ebenfalls eins.

Der Klassiker des eleganten Wortspiels ist die – wenn auch nicht mehr brandneue, so doch immer wieder schöne – Geschichte von der blutjungen Demi-mondaine, die einen Mann geehelicht hat, der so reich ist wie alt. Ein Freund aus vergangenen Tagen besucht sie in ihrem hübschen Palais in Neuilly, und sie zeigt es ihm voller Stolz vom Keller bis zum Boden.

Als sie die Schlafzimmertür öffnet, kneift der Freund ein Auge zu und meint mit einem Blick auf das damastene Himmelbett: »Ah, c'est l'Eglise de Notre Dame.«

Aber unsere Schöne antwortet mit sanfter Resignation: »Non, non, c'est le Dôme des Invalides.«

Apropos Demi-mondaine. Die kleine Claire hat ein Gespräch ihrer Eltern belauscht, das sich um die moderne Prostitution drehte. Dabei ist auch das Wort »Nutte« gefallen. Klein-Clairchen will wissen, was eine Nutte ist. Der Papa weicht aus, versucht abzulenken, vergeblich. Das Kind bleibt hartnäckig und fragt schließlich: »Papa, wenn ich groß bin, darf ich dann auch eine Nutte werden?« Der Papa, durch die ständige Fragerei unterminiert: »Ja, aber nur, wenn du immer schön brav bist.«

Womit wir, wieder, beim erotischen Witz in Frankreich wären, den wir bereits in einigen Exemplaren kennengelernt haben. Für den europäischen Normalverbraucher ist der französische Witz gleichbedeutend mit dem erotischen Witz. Nicht umsonst pflegte man an deutschen Stammtischen »O la la!« zu sagen und breit zu grinsen, wenn man von Meyers Strohwitwerreise nach Paris erfuhr. Früher spielte sich die deutsche Zote häufig in der Seine-Stadt ab. Wenn ein Mann einem anderen Mann den neuesten Witz erzählte, oder besser, zuraunte, dann begann er nicht selten mit dem Satz: »Also, da geht einer in einen französischen Puff und . . .«

Diesen Ruf verdankt der Franzose seiner umfangreichen erotischen Literatur, den berühmt gewordenen

Kokotten und Mätressen des galanten Zeitalters, den öffentlichen Bordellen (die erst nach 1945 verboten wurden), dem Place Pigalle, den losen Liedern, den an jeder Straßenecke feilgebotenen pornographischen Bildern, den Boulevardkomödien, den Filmen und noch so einigem.

Wer aber daraus schließt, daß ein solches Land besonders verderbt sein müsse, irrt gewaltig. Denn hier zeigt sich nicht Verderbtheit, sondern Natürlichkeit, ja Vernünftigkeit. Das, was vorhin über die französische Frau gesagt wurde, gilt allgemein für den Sex und den Franzosen.

Er ist frei von Vorurteilen, frei von moralischen Fesseln. Für ihn sind die Freuden des Leibes völlig legitime Ausdrucksformen des menschlichen Lebens.

»Abgesehen von der hauptsächlichen Einstellung auf die sexuelle Technik beschäftigt sich der erotische Witz Frankreichs mit zusätzlichen Themen wie der Hahnreischaft und den liebenswürdigen Aspekten der Verführung. Liebenswürdigkeit ist eigentlich das Schlüsselwort, wenn man französische Obszönitäten beschreibt, in ausgeprägtem Gegensatz zu den angelsächsischen Äquivalenten, deren hervorstechende Züge Unflätigkeit und verschleierte Aggression sind. Selten ist in einer solchen Kultur wie der Frankreichs sexuelle Reife bei Männern wie bei Frauen mit einem Trauma behaftet. Dies mag die Aura des Behagens in den meisten französischen Sexualwitzen und ihre Konzentration auf die Befriedigung erwachsener Menschen erklären, im Gegensatz zu den anal-regressiven und oft grausamen Sexwitzen, die man anderswo zu hören bekommt.«[29]

Diese Meinung vertritt der holländische Psychiater

Dr. Rebatus Hartogs in seiner Psychologie der Obszönität. Er stellt darin eine regelrechte Charakterologie der europäischen Völker auf nach dem Motto: Sage mir, worüber du am meisten lachst, und ich werde dir sagen, aus welchem Land du kommst.

Danach lachen also die Franzosen am liebsten über charmante erotische Witze. Die Engländer können sich ausschütten über einen guten Witz, in dem ein Homosexueller die Hauptrolle spielt. In Amerika sind oralgenitale Scherze weitest verbreitet.

Und warum lacht der Franzose am liebsten über erotische Witze? Sigmund Freud, der Entdecker unseres nicht sehr schönen Innenlebens, hat sich damit in seiner genialischen Studie über den *Witz und seine Beziehung zum Unbewußten* ausführlich beschäftigt. Für ihn ist das Erzählen erotischer Witze gleichbedeutend mit einem Verführungsversuch. Denn die Zote sei ursprünglich an das Weib gerichtet gewesen. »Wenn sich dann ein Mann in Männergesellschaft mit dem Erzählen oder Anhören von Zoten vergnügt, so ist die ursprüngliche Situation, die infolge sozialer Hemmnisse nicht verwirklicht werden kann, dabei mit vorgestellt. Wer über die gehörte Zote lacht, lacht wie ein Zuschauer bei einer sexuellen Aggression.«

Und: »Die Zote ist wie eine Entblößung der sexuell differenten Person, an die sie gerichtet ist. Durch das Aussprechen der obszönen Worte zwingt sie die angegriffene Person zur Vorstellung des betreffenden Körperteils oder der Verrichtung und zeigt ihr, daß der Angreifer selbst sich solches vorstellt. Es ist nicht zu bezweifeln, daß die Lust, das Sexuelle entblößt zu sehen, das ursprüngliche Motiv der Zote ist.«

Nach soviel kluger Theorie, die bereits Mephisto ziemlich grau fand, sollte die Praxis wieder zu Wort kommen, die französische Praxis. Daß der Soldat im Mittelpunkt des Witzes stehen soll, der Geistliche und der Arzt, klingt nicht sehr überzeugend, denn Militär, Klerus und Mediziner sind in allen Ländern der Welt beliebte Zielscheiben. Deshalb gibt es auf diesem Gebiet eine Menge sogenannter Wanderwitze. Sie wandern von Land zu Land und ziehen sich das betreffende nationale Kostüm an.

Die Geschichte vom Professor med. und der Pupille spielt unter anderem in der Charité zu Berlin, in der Medizinischen Fakultät der Universität London und an der Pariser Sorbonne. Aber da sie sehr charmant ist und sehr frivol, dürfte sie sich an der Sorbonne abgespielt haben.

Der Professor bei der Prüfung der Kandidaten der Medizin: »Welcher Teil des Körpers vergrößert sich im Zustand der Erregung auf das Fünffache? Nun, Mademoiselle Dufour?«

Mademoiselle Dufour errötet, stottert, sagt schließlich: »Ach, bitte, wenn Sie diese Frage einem der Herren stellen würden.«

»Wie Sie wollen. Also, Monsieur Colbert?«

»Die Pupille, Herr Professor.«

»Stimmt.« Und mit einem Seitenblick auf die junge Studentin: »Und Sie, Mademoiselle, Sie sollten rechtzeitig von Ihren Illusionen Abschied nehmen.«

Sehr französisch ist auch der Schluß des Plädoyers, mit dem der berühmte Anwalt Maître Guiscard seine Mandantin retten will: ». . . und nun, meine Herren Geschworenen, liegt es in Ihrer Hand, ob dieses blutjunge entzückende Geschöpf die schönste Zeit des Lebens hinter den grauen Mauern des Frauengefängnisses verbringen muß, oder ob sie noch heute abend in ihr luxuriöses Appartement am Jardin du Luxembourg, Telefon null – null – zwo – zwo – drei – sechs – fünf, zurückkehren darf.«

Und kennen Sie den? Der Arzt nach der Untersuchung der Patientin: »Sie können sich wieder anziehen. Ihnen fehlt nichts. Im Gegenteil, Sie sind schwanger.«

»Das ist unmöglich, Herr Doktor. Ich bin nicht verheiratet, ich bin nicht verlobt, ich habe keinen Liebhaber. Ich habe in meinem ganzen Leben noch mit keinem Mann geschlafen.«

Der Arzt geht zum Fenster, zieht die Gardine zurück und schaut suchend zum Abendhimmel hinauf.

»Haben Sie nicht gehört, was ich gesagt habe, Herr Doktor?«

Der Arzt, sehr nachdenklich: »Das letzte Mal, als so was passiert war, da hat sich doch dieser große leuchtende Stern am Himmel gezeigt . . .«

Er war sehr jung und sehr arm, aber er liebte sie so sehr, daß er sie heiraten wollte.

Sie fragte: »Wovon wollen wir leben, mon petit?«

Er antwortete: »Von der Liebe, ma chérie.«

Nach der Hochzeit nahmen sie sich ein Zimmer im Quartier Latin. Und als er am ersten Abend von der Sorbonne nach Hause kam, saß sie mit hochgeschürztem Kleid, gespreizten Beinen und ohne Höschen vor dem Gasbackofen.

»Liebstes«, fragte er erstaunt, »was machst du dort?«

»Liebster«, antwortete sie, »ich mache dir dein Abendbrot warm.«

Ein Geschichtchen, das Peynet hätte zeichnen können. Raymond Peynet ist das glatte Gegenteil von Dubout. Während dort Derbheit grassiert, blüht hier die
Liebe. Zart, keusch, immer etwas elegisch, schüchtern,
so ist *er*. Kokett, frivol, charmant, sehr weiblich, so ist *sie*.
Sie verlockt ihn, verführt ihn, hat zauberhafte Hintergedanken, die er sofort errät. Denn es sind auch seine
Hintergedanken.

Als Verkäuferin auf dem Flohmarkt macht sie ihm,
dem unentschlossenen Kunden, ein letztes Angebot,
indem sie sich die Bluse aufknöpft. »Dann wären hier
noch ein paar entzückende Kleinigkeiten.«

»Dein erster Vorschlag war der beste«, meint sie,
obwohl er gar nichts gesagt hat, sondern nur laut gedacht. Und diese Denkblasen schweben über seinem
Kopf in Form eines breiten Himmelbetts, eines Kinos,
einer Tanzbar.

Einmal verfolgt er sie durch den Park, über die Straßen, die Treppen ihrer Wohnung hinauf, bis ins Schlafzimmer, bis ins Bett. Woraufhin sie sagt: »Wann wollen
Sie endlich aufhören, mir zu folgen?«

Das Bett und immer wieder das Bett. Selbst das Ka-
russell auf dem Jahrmarkt hat breite Betten, in die sich
die Paare hineinlegen und sanft herumgeschaukelt werden. Und als er die Nixe entjungfern will, verwandelt
er einen Teil des breiten Bettes in ein kleines Aquarium und tapeziert das Schlafzimmer mit einem Fisch-
muster.

Eine Spezialität Frankreichs sind die Lügengeschich-
ten, die in Dialogform als Witze kursieren. Sie sind so
beliebt, daß sie zum Exportartikel wurden und selbst in
die Schulbücher deutscher Gymnasiasten hineinrutsch-

ten. Die Hauptpersonen stammen aus dem Süden des Landes, aus Marseille, aus der Gascogne, und heißen Marius und/oder Olive. Ein Beispiel:

Marius: »Hast du gestern die süße kleine Fliege auf der Spitze des Eiffelturms gesehen?«

Olive: »Gesehen nicht, nur gehört.«

Oder: Marius erzählt, gestern nacht sei in Marseille ein Meter Schnee gefallen. Gegenfrage des Gesprächspartners, der seinen Pappenheimer kennt: »Ein Meter breit?«

Außer Marius und Olive gibt es noch Monsieur Prudhomme, oder vielleicht sagt man besser, gab es. Er wurde von dem im 19. Jahrhundert lebenden Schriftsteller und Zeichner Henri Monnier geschaffen. Joseph Prudhomme, was man mit »braver Mann« übersetzen könnte, wurde zur vielzitierten Gestalt des selbstzufriedenen, wichtigtuerisch in Gemeinplätzen schwelgenden Spießers. Den deutschen Leser erinnert dieser höhere Blödsinn an die Kathederblüten des Professors Galetti aus Göttingen.

Prudhomme beim Militär: »Dieser Säbel ist der schönste Tag meines Lebens. Ich schwöre, an der Spitze der heroischen Phalanx unsere Institutionen zu verteidigen oder sie notfalls zu bekämpfen.«

Allen uniformierten Treueschwörern ins Tagebuch.

Prudhomme über Napoleon: »Was dem großen Korsen zum Verhängnis wurde, war sein Ehrgeiz. Wäre er ein einfacher Artillerieoffizier geblieben, säße er heute noch auf dem Thron.« Wogegen sich wirklich nicht das geringste sagen läßt.

Prudhomme nach einer Landpartie: »Eigentlich sollten die Großstädte auf dem flachen Land erbaut werden, die Luft ist hier viel reiner und gesünder.« Worüber unsere Umweltschützer einmal nachdenken sollten.

Prudhomme über Agrarwirtschaft: »Wie weise ist doch Mutter Natur. Sie läßt die Äpfel in der Normandie wachsen, wohl wissend, daß die Bewohner dieser Provinz am meisten Most trinken.« Man kann es nicht besser sagen.

Prudhomme über die Todesstrafe: »Ich bin dagegen. Nur Gott hat das Recht, seinen Nächsten zu töten.«

Es gibt Liebhaber des kurzen Witzes, des kürzesten, allerkürzesten. Der nur aus einem einzigen Satz besteht und in dem doch eine Welt liegt. Der Klassiker unter der deutschen Spezies ist für mich nach wie vor die Geschichte von dem Berliner, der sich mit den Ellbogen durch eine Menschenansammlung wühlt und dabei sagt: »Wat war'n hier los, ick bin Zeuje.«

Fast ebenso schön ist die Antwort Maurice Chevaliers auf die Frage nach seiner ersten Liebe. »Meine erste Liebe waren zwei Studentinnen.«

Geben wir zum Abschluß Jean Anouilh das Wort. In seinem Meisterwerk *Ornifle oder Der erzürnte Himmel*[30] gibt es eine Szene, in der zwei Ärzte dem Patienten Ornifle, dessen Krankheit sie nicht ernst nehmen, statt Medizin die neuesten Witze verabreichen wollen.

Professor Galopin, einer der führenden Herzspezialisten Europas, untersucht Ornifle mit sehr viel Würde und unter tiefstem Schweigen. Je länger die Prozedur dauert, desto kränker sieht Ornifle aus. Dr. Subites steht mit interessiertem Gesicht daneben, wie ein kleiner Student bei der Chefvisite im Krankenhaus. Mitten in der Untersuchung fragt Galopin plötzlich . . .

Galopin: »Kennen Sie die Geschichte von dem Kaninchen, das einen Universitätsprofessor trifft?«

Subites (der sich einschmeicheln will): »Nein, lieber Professor. Erzählen Sie doch!«

Ornifle: »Dieser Feigling! Gerade vorhin wollte er sie mir erzählen.«

Galopin (wendet sich ärgerlich an Subites): »Wirklich, Sie kennen die Geschichte? Sie sehen, mein Lieber, wir dürfen heute abend keine Minute zusammen sein.«

Subites (eilig): »Aber unser Freund Ornifle kennt den Witz noch nicht. Ich bin noch nicht dazu gekommen, ihn zu erzählen.«

Galopin (ist sofort wieder versöhnt und wendet sich an Ornifle): »Was, Sie kennen ihn nicht? Also passen Sie auf. Da kommt ein Kaninchen über den Quai de Conti und trifft einen Universitätsprofessor in der grünen Robe der Académie française. Verblüfft bleibt es stehen. Auch der Professor bleibt stehen, setzt seine Brille auf und sagt: ›Aber das ist ja ein Kaninchen!‹ Das Kaninchen schaut den Professor an und sagt darauf: ›Aber das ist ja grüner Salat!‹«

Wiehernd fängt Galopin zu lachen an. Subites lacht folgsam mit. Ornifle verzieht keine Miene.

Subites: »Köstlich! Ich kannte den Witz, aber Sie erzählen ihn viel besser als ich!«

Ornifle (höflich): »Und was antwortet der Professor?«

Galopin: »Nichts! Er antwortet nichts! Jeder, dem ich das erzähle, stellt diese Frage. Es ist wirklich zu komisch. Und die Geschichte von dem kleinen Mädchen, das ein Stück Seife verschluckt hat, kennen Sie die auch nicht?«

Ornifle (ärgerlich): »Nein. Was ist mit meinem Herzen los?«

Galopin: »Wieso mit Ihrem Herzen? Ach so, mit Ihrem Herzen . . . Glänzend, ausgezeichnet! Ich wollte, ich hätte so ein Herz. Trinken Sie ein wenig Lindenblütentee, wenn Sie unbedingt etwas tun wollen.« Und zu Subites: »Wir müssen uns auf die Beine machen, mein Lieber, sonst kommen wir zu spät. Wenn man bei solchen Abenden zu spät kommt, sind alle hübschen Frauen schon in festen Händen. Kommen Sie, die Geschichte von dem Mädchen mit der Seife erzähle ich Ihnen im Wagen.« Zu Ornifle: »Fahren Sie mit, Sie eingebildeter Kranker?«

Ornifle: »Nein, ich bleibe hier.«

Galopin: »Ganz wie Sie wollen. Guten Abend, lieber Freund.«

Ornifle: »Vielen Dank für Ihre Bemühungen.«

Galopin: »Nichts zu danken.«

Subites: »Du bist schön dumm, daß du nicht mit uns kommst. Der Professor weiß so herrliche Witze. Aber wir sehen uns später. Du wirst dich allein bald so langweilen, daß du bestimmt nachkommst.«

Ornifle: »Das glaube ich nicht. Du findest ja allein hinaus. Die Kranken sind schlechte Gastgeber, das steht schon bei Molière.«

Galopin: »Gewiß, gewiß, auch wir kennen unsere Klassiker.« Zu Subites: »Kennen Sie die Geschichte von dem Hummer, der Angst vor Gespenstern hatte? Sagen Sie bloß nicht, Sie kennen sie.«

DIE SCHOTTEN
oder
Die Mär vom Geiz

Wer über den Humor Englands schreibt, muß sich mit dem der Schotten beschäftigen. Ob er will oder nicht. Denn irgendwann wird Ihnen jeder Engländer den neuesten Schottenwitz erzählen. Es lacht sich so wunderbar über die Dummheiten anderer Leute. Viel mehr als über die eigenen. Kennwort »Schadenfreude«. In den Londoner Clubs stehen die neuesten Witze über die Schotten noch immer hoch im Kurs. Wer einen »auf Lager hat«, darf damit rechnen, daß die Köpfe der hinter der *Times* versteckten Gentlemen kurz zum Vorschein kommen und ein distinguiertes »Haw-Haw« von sich geben.

Man behauptet sogar, die Engländer seien die Erfinder des Schottenwitzes. Was schon deshalb nicht stimmen kann, weil man keinen Menschen mit einer Eigenschaft versehen kann, von der nicht zumindest eine solide Grundlage vorhanden wäre. Über die Deutschen Witze zu erfinden, in denen sie als schlechte Soldaten agierten, das wäre von vornherein zum Scheitern verurteilt. Weiß doch alle Welt, daß sie gute, oft leider *zu* gute Soldaten waren. Viel leichter war es, sie zu Militaristen zu machen, denn Militärisches lag ihnen nun mal im Blut.

Den Schotten liegt die Sparsamkeit im Blute. Sie sind

nicht sparsam geworden, weil ihnen das Spaß gemacht hätte, keinem Menschen macht so was Spaß, sondern weil sie sparsam sein mußten. Ihr Land ist gebirgig, das Klima rauh, der Boden zum größten Teil wenig fruchtbar, und die Industrialisierung kam spät zu ihnen. Sie waren ein armes Volk. Auch wenn sie genug zu essen hatten und sich kleiden konnten, an barem Geld hatte es ihnen immer gefehlt. Das, was sie brauchten, pflegten sie sich einzutauschen. Der Tauschhandel, urältester Handel der Menschheit, war bei ihnen noch bis in die jüngere Zeit üblich. Auf der anderen Seite aber verlangten die Grundbesitzer von ihren Pächtern die Pacht in barem Geld! »Cash« war demnach knapp, und wer es besaß, pflegte damit sorgfältig umzugehen, oder besser, er *geizte damit*.

Die eine Wurzel schottischer Sparsamkeit wäre bloßgelegt. Niemand hätte jedoch von diesem Geiz in der Welt erfahren, wenn die Engländer nicht gewesen wären. Sie sorgten gründlich für globale Verbreitung. Und sie hatten sogar einigen Grund dazu.

Im Jahre 1603 machte man Schottlands Jakob VI., Sohn der durch Schiller bekannt gewordenen Maria Stuart, zu Jakob I. der Briten. Er residierte selbstverständlich in London und zog einen Rattenschwanz von Schotten hinter sich her. Die waren alle sehr edel und sehr arm. Über diese armen Ritter begannen die wesentlich besser betuchten eingesessenen Nobilitäten sich zu mokieren. Jemand, der in prangendem Waffenschmuck einherstolziert, zu Hause aber nicht mal die Butter aufs Brot hat, so einer wird nolens volens zur Witzfigur.

Aus dem anfänglich gutmütigen Spott der Engländer aber wurde ein beißender, als König Jakob damit begann, seine Landsleute vorzuziehen. Er verschaffte ihnen Pfründe, schanzte ihnen Vorteile zu, die ihnen nicht gebührten, mit einem Wort, er verhalf ihnen zu den besten Plätzen an der Krippe.

Von irgendwoher zu kommen, keinen roten Heller zu besitzen und auch noch anderer Leute Druckposten einzunehmen, das ging entschieden zu weit. Da die Eingesessenen gar nichts dagegen machen konnten, machten sie wenigstens Witze. Sie ließen Dampf ab aus dem überhitzten Kessel ihres Gemüts und verhinderten damit wahrscheinlich Schlimmeres.

»Fürchterliche Stadt, dieses London«, ließen sie einen Schotten sagen, »kaum einen Monat hier und gleich zehn Pence ärmer.« »Du lieber Himmel«, fragt der gerade angekommene Landsmann entsetzt, »was hast du mit dem vielen Geld gemacht?« »Ach, das meiste ging drauf für Wein und Weiber.«

Noch unbeliebter wurden die Schotten, als der aus Edinburgh stammende Lord Bute Premierminister wurde. Das geschah unter Georg III. in den sechziger Jahren des 18. Jahrhunderts. Auch Bute ließ seine Landsleute nicht verkommen. Er übertrieb sogar ein bißchen, indem er die Krippe gleich ganz mit Schotten besetzte. Das hatte zur Folge, daß man sie als das raffgierigste Volk der Erde bezeichnete, das den Hals nicht voll kriegen konnte. Die Lage wurde so ernst, daß Schotten sich ohne Begleitschutz auf der Straße und in den Kneipen nicht mehr sehen lassen konnten.

Kaum waren all diese unschönen Dinge einigermaßen vergessen, da sorgten die Leute aus Aberdeen, Glasgow und Edinburgh wieder für eine Auffrischung. Es war um die Mitte des 19. Jahrhunderts, als Zehntausende aus den Highlands und Lowlands ihre Dörfer verließen, um in England ihr Glück zu versuchen. In England war, wie gesagt, der Lebensstandard durch die aufkommende Industrialisierung wesentlich höher als daheim. Außerdem brauchte man sich nicht mehr über die Landstraßen zu quälen, um in das gelobte Land im Süden der Insel zu kommen, es genügte, wenn man das Zauberwort sprach: »Einmal dritter London, bitte!« Es gab nämlich inzwischen eine durchgehende Eisenbahnverbindung.

Auch diese Schotten, die diesmal dem einfachen Volk entstammten, waren arm. So, wie alle Zugereisten erst einmal Habenichtse sind. Auch ihnen fehlte es an allem und jedem. Sie mußten sparen, knapsen, sich das Brot vom Munde absparen. Um zu überleben, gab es für sie nur eins: den Geiz.

Damals muß es passiert sein, daß MacPherson den Methylalkohol, den man ihm angedreht hatte und der bekanntlich blind macht, nicht wegschüttete, sondern seinem blinden Onkel verkaufte.

Oder der kleine MacCormick keuchend hinter der Straßenbahn herlief, weil er zehn Pence sparen wollte. Um sich dann vom Vater sagen lassen zu müssen: »Dummkopf, wärest du einem Taxi hinterhergelaufen, hättest du zwei Shilling gespart.«

Oder MacDonald eine Unfallmeldung liest, in der es heißt, daß bei dem Verunglückten alle ärztliche Hilfe *umsonst* war, und seine Frau bittet: »Versuch, die Adresse dieses Arztes herauszukriegen.«

Oder in der *Times* vom Zusammenstoß zweier Taxis in Glasgow berichtet wird, bei dem sechs von den fünfzehn Fahrgästen verletzt wurden.

Dreimal haben wir hier schon das »mac« bei schotti-

schen Namen. »Mac«, das auch ohne »a« (»Mc«) geschrieben wird, heißt nichts anderes als »Sohn von«. Der MacKay ist also der Sohn vom alten Kay. Von allen Macs ist der MacTavish der beliebteste. Er verkörpert den Schotten schlechthin, so wie bei uns in Deutschland der Herr Hinterhuber *der* Bayer ist und der Herr Häberle *der* Schwabe. MacTavish heißt mit dem Vornamen grundsätzlich Sandy, womit der in Schottland vorherrschende sandfarbene beziehungsweise rothaarige Typ charakterisiert werden soll. Selbstverständlich haben nicht alle Schotten ein Mac davor. Es gibt auch eine ganze Menge Grahams, Elliots, Douglas', Pringles, Murrays und Scotts, um nur einige häufig vorkommende Eigennamen zu nennen.

Unter den Polizisten auf den Straßen Londons, den berühmten »Bobbies«, findet man viele dieser Namen. Wenn dann ein solcher Bobby das Englische auch noch schön weich spricht, schön langsam, schön deutlich und mit einem gerollten »r«, dann weiß man, daß man einen Mann aus dem Norden der Insel vor sich hat. Oder doch zumindest einen, dessen Eltern von dort kommen. Für die Londoner Polizei ist Schottland nach wie vor das ideale Reservoir für den Nachwuchs. Hier wachsen die Leute, die nicht nur wegen ihrer Sparsamkeit sprichwörtlich sind, sondern auch – und davon weiß der Fremde wenig – wegen ihrer absoluten Zuverlässigkeit, ihres Verantwortungsbewußtseins, ihres Mutes. Die Hochlandsregimenter gehörten schließlich zu den Elitetruppen Britanniens.

Geeignet zum Polizisten, geeignet zum Soldaten und – welch charmanter Gegensatz – geeignet zum Gärtner. Für diesen Beruf prädestinieren den Schotten seine

Fähigkeit, dem kargen Boden das letzte abzuringen, und sein angeborener Hang zum Grübeln.

Besonders geeignet aber war er von jeher, und wen nimmt das wunder, zum Bankier. Nicht umsonst bedeutet das Wörtchen »careful«, »sorgfältig, achtsam«, für ihn »sorgfältig, achtsam in Geldangelegenheiten«.

Er ist geradezu der geborene Banker. Alle guten Eigenschaften, die er hat, Sparsamkeit, Zuverlässigkeit, Verantwortungsbewußtsein, Zähigkeit, Seriosität, verbinden sich hier in idealer Weise zu dem Zweck, mit dem Geld anderer Leute so zu arbeiten, daß es mehr wird und er dabei selbst nicht zu kurz kommt.

Die besten englischen Dichter, so heißt es, waren Iren, die besten englischen Musiker Waliser, und die besten englischen Bankiers Schotten. Eingeweihte wissen, daß man in der englischen Finanzwelt der höheren Grade mehr Schotten begegnen kann als Engländern. Bezeichnend hierfür ist die Antwort des Glasgower Finanzmannes nach seiner Rückkehr aus London: »Wie ich die Engländer finde, das kann ich nicht sagen. Habe gar keine getroffen. Ich habe nur mit führenden Leuten gesprochen.«

Die »Juden des Empires« hat irgend jemand die Schotten genannt wegen ihrer Begabung, mit Geld umzugehen. Es ist deshalb kein Zufall, daß man nicht wenige jüdische Witze im Schottenrock wiedertrifft.

Die Geschichte von McTavish aus Inverness, der im Sterben liegt und mit seinen letzten Atemzügen noch seine Geldgeschichten in Ordnung bringen will, ist mir in Warschau begegnet in Gestalt des Jankl Oppenheim, der dasselbe möchte. In beiden Fällen trifft sie den Kern, sowohl den des Schottischen als auch den des Jüdischen.

McTavish zu seiner Frau und seinen beiden Söhnen, die um sein Sterbelager versammelt sind, mit schwacher Stimme: ». . . und dann, dann sind da noch die zwanzig Pfund, die ich von Douglas junior kriege. Ich müßte im Grabe rotieren, wenn ich wüßte, daß ihr sie euch nicht geholt habt.«

»Natürlich, Vater«, schluchzt Effie McTavish und gibt dem Jüngsten einen heimlichen Wink, damit er sich sofort auf den Weg zu Douglas junior mache.

»Acht Shilling ist mir der Hamish noch schuldig. Und zehn Pence der Jan.«

Der zweite Sohn wetzt los zu den angegebenen Adressen. Inzwischen ist der Arzt gekommen.

»Na, und um ehrlich zu sein, ich selbst bin auch nicht ganz glatt. Ein Pfund und sieben Shilling schulde ich dem alten Jock Murray.«

Wendet sich Effie McTavish flüsternd an den Arzt: »Doktor, es geht zu Ende, er fängt bereits an zu phantasieren.«

Schottisch-jüdisch auch der Dialog zwischen Mac-Cormick und seinem Sohn James beziehungsweise Feiwel Grünbaum und David: »Vater, ich studiere jetzt im fünften Semester, da bräucht' ich dringend ein Lexikon.« – »Sag mal, was glaubst, warum ich deiner Schwester erlaubt habe, daß sie sich mit einem Universitätsprofessor verlobt?!«

Da eine der Wurzeln des Schottenwitzes im kargen, unfruchtbaren Boden ruht, wie wir gesehen haben, so findet er sich auch überall da, wo ähnliche Bedingungen herrschen.

In Deutschland galt, oder gilt noch, der Schwabe als ein sparsamer, um nicht zu sagen geiziger Mensch. Er mußte mit dem Pfennig fuchsen, um sich in seinem kleinen, vielfach zerrissenen, stark besiedelten Ländle über Wasser zu halten. Wenn auch die Formulierung »Ein Schwabe ist ein wegen seines Geizes des Landes vertriebener Schotte« bei aller Brillanz etwas übertrieben anmutet.

Der Schwabe, der allein auf Hochzeitsreise geht und auf die erstaunte Frage eines Bekannten antwortet: »Ha no, für zwei reicht's halt noch net bei uns«, er hat sein Pendant in Mr. MacKenzie, der in Perth in den Zug nach Edinburgh steigt und das Fehlen der Braut mit den Worten erklärt: »Meine Tibbie war schon mal in Edinburgh.«

Ähnlich verhält es sich mit dem Fischer vom Chiemsee, der in höchster Wassernot dem Herrgott das Blaue vom Himmel herunter verspricht, wenn er ihn nur retten wolle. Als er sich bis zu einer »Wallfahrt nach Rom« steigert, mischt sich sein Bub ein: »Geh, Vatter, bist narrisch. Dees kost' a Vermögn.« Der Vater aber knurrt: »Wart's nur ab, bis ma g'sund drübn san. Nacha werden's scho' sehn, was s' kriag'n.«

Was die Schotten sympathisch macht, ist die Tatsache, daß sie selbst am meisten über gute Schottenwitze lachen können. Und selbst die besten erzählen! Die Leute von den Highlands und den Lowlands schämen sich ja gar nicht ihrer Sparsamkeit. Sie halten sie für das, was sie ist, nämlich für eine Tugend. Wegen einer Tugend läßt sich jeder gern auf den Arm nehmen. Die Franzosen nehmen es ja auch niemandem übel, daß sie im Mittelpunkt so vieler Sexwitze stehen.

Und so werden die schönsten Schottenwitze im »Aberdeen Joke Club« zu London erfunden, dessen Mitglieder reinblütige Schotten sein müssen. Für die vielen in Amerika lebenden Schotten ist der Witz aus der fernen Heimat so etwas wie ein Heimatlied. Wenn sie ihn erzählen, läßt das Heimweh gleich ein bißchen nach. Von diesen »Amerikanern« weiß man, daß sie besonders sparsam sind und aufs Geld schauen. Warum? Weil sie in der Fremde damit tagtäglich beweisen wollen, wie sehr sie Schotten geblieben sind. Geiz als Bekenntnis zum Schottentum – so wenigstens sieht das der schottenblütige amerikanische Historiker Wallace Notestein.

»Sparsamkeit« nicht »Geiz« muß das selbstverständlich heißen. Bei aller Toleranz, hier sind die Schotten genauso empfindlich, als wenn man sie für Engländer hielte: Sie betrachten die Helden ihrer Geschichten durchweg als *sparsame* und keineswegs *geizige* Leute.

Margaret D. Senft, die als Margaret Howie in der Nähe Edinburghs geboren wurde und sich später nach Deutschland verheiratete (was kein Zufall ist. Merke: Schotten lieben Deutsche, Deutsche lieben Schotten), Maggie geht für diesen wesentlichen Unterschied sogar auf die Barrikaden. (Die Verkleinerungs-, sprich Koseform mit Hilfe des auslautenden »ie« ist typisch für diese Sprache. Daher die vielen Jeannies, Tibbies, Effies etc.)

»Sparsamkeit und Geiz sind zweierlei«, schreibt sie, »wenn auch die Trennungslinie nicht immer deutlich ist. Wer in Schottland gewesen ist und die in der Heimat wie in der ganzen Welt geradezu sprichwörtliche Gastfreundschaft der Schotten erfahren hat, wird zugeben müssen, daß die Schotten ein freigebiges Volk sind. Das beweist sogar die amtliche Statistik der öffentlichen Wohlfahrt. Vor der Nationalisierung der Krankenhäuser war der freiwillige Beitrag Schottlands zu diesen

Einrichtungen pro Kopf der Bevölkerung bedeutend höher als der des reicheren England. Der Schotte spart an sich selbst, nicht an anderen ... Was die schottische Jugend der Großzügigkeit einer Reihe schottischer Kaufleute ... verdankt, weiß jeder, der die Schulen Edinburghs kennt: das Daniel Stewart's College, das Heriot Watt College und die George Watson's Colleges. Diese Tradition der Unterstützung des Erziehungswesens und der Kultur wurde durch Andrew Carnegie im 20. Jahrhundert fortgesetzt. Es mag sein, daß diese Mäzene ohne diesen nationalen Zug zur Sparsamkeit, die gelegentlich auch auf Kosten anderer gehen kann, nie ein Vermögen erworben hätten. Sie haben es aber dann wenigstens nicht für sich behalten.«[31]

Niemand wird an den Worten von Mrs. Senft zweifeln, doch leider hat niemand auch nur den kleinsten Witz über die Großzügigkeit der Schotten gemacht. Wir müssen uns deshalb an den witzträchtigeren Geiz, pardon, an die Sparsamkeit halten. Sparsam ist der Schotte auch, was die Sexwitze betrifft. Es gibt nämlich kaum welche. Ich habe nur zwei echte Exemplare aufspüren können. Dafür können sich beide absolut sehen lassen.

Hamish und Jock (zwei typische schottische Vornamen) hat es nach Paris verschlagen. Schmachtenden Auges blicken sie jeden Abend von ihrem Fenster den attraktiven Pariserinnen nach, die über den Boulevard St. Michel schlendern. Wie schön, denken sie, wenn man eine Freundin hätte. Aber eine Freundin kostet Geld. Und Geld soll man für so was nicht ausgeben.

Eines Tages kommt Hamish, vom Sexstau geschüttelt, auf eine geniale Idee. »Zwei Freundinnen sind zu teuer, Jock, soviel ist klar. Wie wäre es, wenn wir uns gemeinsam eine leisten?«

»Theoretisch klingt's nicht schlecht«, meint Jock, »aber praktisch, wie willst du das regeln?«

»Nichts einfacher«, meint Hamish und nimmt einen Shilling aus der Tasche. »Kopf oder Zahl? Kopf, okay. Wer Zahl hat, kriegt sie an den ungeraden Tagen, der andere an den geraden Tagen.«

Er wirft die Münze hoch und gewinnt die ungeraden.

Die Liebschaft zu dritt klappt großartig. Das Mädchen ist entzückend und so preiswert. Dank des klug ausgetüftelten Stundenplans gibt es niemals Streit. Eines Tages jedoch ist sie schwanger. Kurz vor ihrer Niederkunft muß Hamish auf eine Geschäftsreise nach Straßburg. Er beschwört seinen Landsmann, ihm sofort ein Telegramm zu schicken, ob es ein Junge oder ein Mädchen geworden ist.

Hamish wartet fieberhaft in seinem Straßburger Hotel. Der Telegrammbote kommt, er reißt das Telegramm auf und liest: »Zwillinge. Mein Zwilling eine Stunde nach der Geburt verstorben. Dein todtrauriger Jock.«

McDuff ist mit seinen Highlanders dabei, als es gegen Rommel in Afrika geht. Er wird versprengt, verirrt sich in der Wüste, halb verdurstet bricht er ohnmächtig zusammen. Als er erwacht, liegt er in einem prächtigen Zelt. Eine glutäugige Tochter der Wüste tränkt ihn, füttert ihn, wäscht ihn, rasch kommt McDuff wieder zu Kräften. Eines Abends erscheint die Schöne an seinem Nachtlager, oben ohne, unten ohne, und flüstert sanft: »Nun, mein lieber tapferer Krieger, will ich dir etwas geben, was du bestimmt schon lange nicht gehabt hast.«

Da springt McDuff auf und schreit außer sich vor Freude: »Was denn, Whisky hast du auch?«

In diese Kategorie würde vielleicht noch der gehörnte Schotte passen, der seine Frau in flagranti ertappt, die Pistole zieht und den Liebhaber zwingt, sich hinter sein »Flittchen« zu stellen, damit er beide mit einer Kugel erschießen kann.

Sigismund von Radecki, der große Essayist und Erzähler, hat einmal die Theorie des sogenannten Überwitzes aufgestellt. Das ist ein Witz, der so schlagend ist, daß er der jeweiligen Gattung die Krone aufsetzt. Er repräsentiert das Nonplusultra, über ihn hinaus kann es einfach nichts mehr geben. Radecki beweist das an einer der nach Tausenden zählenden Geschichten vom zerstreuten Professor.

Eine Amerikanerin besucht nach langen Jahren die kleine Universität, an der sie einst studiert hat. Sie trifft ihren alten Professor wieder. Eine Unterhaltung aber kommt nicht zustande. Der Professor kann sich einfach nicht mehr an seine einstige Schülerin erinnern. Nach vielen Versuchen, ihm das Gedächtnis zu stärken, sagt die Amerikanerin in letzter Verzweiflung: »Aber, lieber Professor, Sie haben mich doch sogar einmal gebeten, Ihre Frau zu werden!«

Antwortet der Professor: »Und . . ., und sind Sie's geworden?«

Das Nonplusultra aller Schottenscherze ist für mich die Geschichte des in Amerika lebenden Mannes aus Aberdeen, der seine Ankunft in der alten Heimat per Telegramm ankündigen möchte. »Sie werden verzeihen«, fragt er den Beamten der Telegrafenstation, »aber was kostet das Wort?«

»Dreißig Pence, der Name des Absenders ist gratis.«
Keine drei Sekunden braucht der Mann aus Aberdeen
für die Antwort: »Es wird Ihnen komisch vorkommen,
aber ich bin Häuptling der Apachen und heiße ›Komme-
freitagabend‹.«

Schottenwitze entstehen heutzutage nicht mehr ausschließlich in Schottland. Seitdem der florierende Ex-
port sie zum weltweiten Markenartikel gemacht hat,
finden sich immer mehr Nachahmer. Und wie das so
geht, wenn jemand etwas nachmacht, was er im Grunde
nicht versteht: Die Produkte, die sich da als original
ausgeben, sind noch nicht mal originell. Und wenn sie es
sind, dann sind sie nicht mehr typisch.

Wer die einschlägige Produktion von Schottenwitzen
durchblättert, findet zu seiner Überraschung etliche Bob-
bywitze. Witze über den Grafen Bobby, die ja bekanntlich nur dann gut sind, wenn eine Situation so wörtlich
genommen wird, daß der Blödsinn zum Tiefsinn wird,
daß es zu einer diabolischen Überkugelung der Wirk-
lichkeit kommt, die aus zwei mal zwei niemals vier
werden läßt.

So ist es auch, wenn MacTavish seine kaputte Uhr
nicht wegschmeißt, weil sie ja immerhin zweimal innerhalb von vierundzwanzig Stunden die richtige Zeit an-
zeigt. Oder wenn Tibbie Douglas neuerdings nach Cel-
sius kocht, eine Temperaturskala, bei der das Wasser
bekanntlich bei hundert Grad siedet und nicht wie bei
Fahrenheit erst bei zweihundert. (Tibbie: »Man spart
also glatt die Hälfte.«) Oder wenn Murray II eine ge-
schlagene halbe Stunde vor der Parkuhr wartet, weil sie
noch nicht abgelaufen ist und er seinen Shilling bis zur
Neige auskosten will.

Im übrigen sind die Behauptungen stark übertrieben, daß Schotten

... grundsätzlich die Blindenschrift erlernen, um abends beim Lesen Strom zu sparen.

..., wenn sie Stotterer sind, am schnellsten dadurch geheilt werden, daß man sie ein Ferngespräch nach New York führen läßt.

... sehr ungern Kühlschränke kaufen, weil sie nicht glauben können, daß nach dem Schließen der Tür das Licht ausgeht.

... lediglich das Fenster öffnen, wenn sie ihren Gästen eine »kleine Erfrischung« anbieten.

..., die an Bahnstrecken wohnen, sich ihren Kohlenvorrat dadurch beschaffen, daß sie den Lokomotivführern die Zunge herausstrecken.

... dazu neigen, schwarze Hemden zu tragen, weil die am längsten weiß bleiben.

... keine Filterzigaretten mögen, weil sie den Geschmack des glosenden Filterpapiers nicht ausstehen können.

... immer wieder den durch die Lande ziehenden Zirkusunternehmen die Hungerkünstlerinnen wegheiraten.

Zum Abschluß noch drei Klassiker:

Dinner im Hotel »Bristol« in Edinburgh. Eine Gruppe schottischer Geschäftsleute feiert einen erfolgreichen Abschluß. Nach Aufhebung der Tafel ertönt von dem Platz, auf dem MacCarthy sitzt, eine Stimme: »Alles geht auf meine Rechnung.«

Am anderen Morgen melden die Zeitungen: »Mysteriöser Mord im ›Bristol‹. Schotte erwürgt Bauchredner.«

Mr. Murray fährt nach London. Kurz vor Carlisle

kommt der Zugkontrolleur und stellt fest, daß Murray mit einer Fahrkarte zweiter Klasse in einem Abteil erster Klasse sitzt.

»Würden Sie, bitte, eine Zuschlagkarte lösen, Sir«, sagt der Kontrolleur höflich.

»Ich denke nicht daran.«

»Es ist aber so üblich, Sir.«

»In eurem verdammten England vielleicht, bei uns in Schottland nicht.«

Ein Wort gibt das andere, der Streit spitzt sich zu, Leidenschaften werden entfacht, Jähzorn flammt auf. Schließlich zieht der Kontrolleur in einer Art Kurzschlußhandlung Murrays Koffer aus dem Gepäcknetz und schmeißt ihn aus dem Fenster.

Murray wird aschfahl, starrt dem Koffer nach, fängt hemmungslos an zu schluchzen. »Mein John, mein süßer kleiner Johnny . . .«

»Das ist ein Überfall.« Die Stimme des Gangsters mit der MP klingt schneidend. »Leeren Sie Ihre Taschen, und werfen Sie alles auf die Bar.« Die Gäste des »Blue Bird« in Glasgow kommen der Aufforderung widerspruchslos nach. Bevor MacIntosh seine Habseligkeiten abliefert, schiebt er seinem unmittelbar vor ihm stehenden Kollegen rasch etwas in die Tasche. »Hier«, flüstert er, »hier sind die fünf Pfund, die ich dir seit einem Jahr schulde.«

Und den allerletzten. »Wenn Sie nicht aufhören«, schreibt ein Mann aus Dundee an die Redaktion des Londoner *Daily Telegraph*, »diese blöden Schottenwitze zu bringen, dann werde ich mir Ihr Blatt künftig nicht mehr ausleihen.«

DIE LEUTE VON DER GUS
oder
Verlernt das Lachen nicht

D er Stuhl«, sagte die Schiffsstewardeß Tatjana Iwanowna, »der Stuhl gehört in die Kabine. Das ist
nun mal so.«

Ich sagte: »In eine Kabine, die so klein ist wie eine
Zigarrenkiste, gehört kein gotischer Riesenstuhl.«

»Das ist nun mal so«, sagte Tatjana Iwanowna und
verschwand.

Die Sache mit dem Stuhl spielte sich auf dem sowjetischen Liniendampfer »M./v. Adjaria« ab, der Venedig
mit dem Schwarzmeerhafen Sotschi verbindet. Es war
meine erste Konfrontation mit dem Humor der Russen.
Ich muß gestehen, daß man Humor dazu brauchte.

Nach dem Rencontre mit der Stewardeß wandte
ich mich an die Oberstewardeß, zeigte ihr die winzige
Kabine, den gotischen Riesenstuhl, schilderte meine
Schwierigkeiten, an ihm vorbeizukommen, und erhielt
zur Antwort: »Das ist nun mal so.«

Der Zahlmeister hieß Ignatjew, stammte aus Riga,
hörte mir mit gespannter Aufmerksamkeit zu, blätterte
in verschiedenen Druckvorschriften, schüttelte mit dem
Kopf, meinte: »Der Stuhl gehört laut 24b, römisch drei,
Strich vier als Schiffsausrüstungsgegenstand Numero
224 in die Kabine 11, und er bleibt dort.«

Der Erste Offizier verwies mich an den Zahlmeister

zurück und lehnte meine Bitte ab, mir eine Audienz beim Kapitän zu besorgen. Von nun an begann ein zäher Kampf, bei dem der Gegenstand des Streites in Vergessenheit geriet und nur noch das Prestige etwas galt. Hatte ich den Stuhl in einer nächtlichen Expedition über den Notausstiegsschacht in den Wellentunnel geschafft, stand er am anderen Morgen wieder vor der Kabinentür. Bugsierte ich ihn in das im Vorschiff gelegene Kabelgatt, schien er mir nach meiner Rückkehr von der Schiffsbar wie der Igel aus dem Märchen zuzurufen: »I bin schon hie!«

Nach einigen hundert Seemeilen verbissenen Kampfes sah ich meine Chance beim Kapitänsdinner, das kurz vor Bari stattfand. Bei einem Gläschen Wodka Stolitschnaja konnte ich dem Bürger Kapitän meine Stuhlbeschwerden ausführlich darlegen. Michail Jefimowitsch, wie er hieß, schlug einen Lokaltermin vor. Gemeinsam mit Tatjana Iwanowna begaben wir uns zur Kabine 11. Er öffnete die Tür, betrat den im Dunkeln liegenden Raum und stieß sich mit dem Knie schmerzhaft an der gotischen Stuhlkante. Er rieb sich das Knie, fluchte gotteslästerlich und sagte zur Stewardeß: »Moja Solotaja, meine Goldene, würden Sie diesen beschissenen Hurenstuhl, bitte schön, sofort über Bord feuern.« So geschah es.

Anderntags gratulierten mir die Stewardeß, die Oberstewardeß, der Zahlmeister, der Erste Offizier. Und sie grinsten dabei. Mein Sieg über den Stuhl war für sie ein Sieg über die Bürokratie. Nichts freut einen Russen mehr. Die Bürokraten standen in ganz Sowjetrußland (und stehen in allen GUS-Ländern) im Mittelpunkt der bösesten Witze, der vernichtendsten Karikaturen. Das liegt einmal daran, weil man sie nicht mag, und zum anderen, weil man durfte. Die Bürokraten gehörten zum sonst so seltenen Freiwild.

Da war der Verpflegungsamtsleiter, der im Familienalbum nach neuen Mitarbeitern sucht, Motto Vetternwirtschaft; der Direktor der Autofabrik, der sich mit einem Hundeschlitten auf die Suche nach wichtigen Ersatzteilen begibt; der Kolchoschef, der ein rauschendes Fest veranstaltet, weil die Reifen für die Traktoren endlich eingetroffen sind; der Leiter des Staatsladens Numero 27, der dem verliebten Jüngling statt der verlangten Rosen das Schild »Keine Blumen heute« in Seidenpapier wickelt; der Genosse Magazinleiter (Abteilung Kunst), der den Besucher aus der Provinz angesichts Hunderter völlig gleich aussehender Lenin-Gipsköpfe fragt: »Haben Sie schon gewählt?«; da war (und ist) das neue gigantische Projekt, dessen Fabriken nichts anderes produzieren als Schilder mit der Aufschrift »Maschine außer Betrieb«.

Die Karikaturen, Satiren und Humoresken wurden in etwa zwanzig satirischen Zeitschriften veröffentlicht: in der *Brennessel*, in der *Hummel*, im *Igel*, im *Skorpion*, in der *Mistgabel*, um nur einige zu nennen. Das noch heute bedeutendste unter all diesen Blättern heißt *Krokodil* und erscheint wöchentlich in Moskau. Es ist das auflagenstärkste Humor- und Satiremagazin der Welt. Der Umfang, die hervorragende künstlerische Qualität der Zeichnungen und die Ausstattung erinnern an den in Deutschland einst so berühmten *Simplizissimus*. Während der jedoch weder vor den heiligsten Gütern der Nation noch vor ihren Bewahrern haltmachte, trug das *Krokodil* eine Art Maulkorb. Beißen durfte es nämlich nur dann, wenn Beißen ausdrücklich erlaubt war.

Und wenn das Sprachbild nicht so abenteuerlich wäre, könnte man sagen: Die Regierung hielt sich das *Krokodil* als ein Ventil.

Der Sowjetbürger konnte über dieses Ventil Dampf ablassen aus dem bis zum Bersten gefüllten Kessel seiner Unmutsgefühle. Das geschah einmal beim Lesen des Blattes und zum anderen beim Schreiben der Leserbriefe. »Bei uns im Dorf gibt es einen Polizeiposten«, hieß es da in einem Brief aus einem Ort in der Nähe von Minsk, »der unser sowjetisches Gesetz und die sozialistische Rechtsordnung auf sehr merkwürdige Art repräsentiert. Abgesehen davon, daß Arkadij Fjodorowitsch Garschin mehr ins Wodkaglas guckt, als ihm guttut, läßt er sich für seine Dienste immer wieder ein paar Rubelchen zustecken. Neulich ereignete sich etwas, was die Bürger mit Abscheu und Empörung erfüllte und . . .«

Das *Krokodil* pflegte in dieser Situation einen Sonderkorrespondenten zu entsenden, der die in dem Leserbrief geschilderten Tatsachen an Ort und Stelle nachprüfte. Stimmten sie, zog der Chefredakteur zusammen mit dem verantwortlichen Sekretär des Blattes in Erwägung, ob die Publikation eines solchen Falles zur Zeit »angebracht« sei.

Da der Polizist ein kleiner Mann war und von keiner einflußreichen Persönlichkeit gedeckt wurde, gaben sie ihr Jawort. Selbstverständlich durfte die Sache nicht verallgemeinert werden. Man stellte sie so dar, als sei sie nicht an der Tagesordnung, sondern lediglich ein beklagenswertes Relikt bourgeoiser Vergangenheit. Namen und Adressen der kritisierten Personen allerdings wurden ohne Rücksicht publiziert.

Nach der ersten Wäsche

Neben solchen Tatsachenberichten und Karikaturen erschienen im *Krokodil* Reportagen, Satiren und humorige Kurzgeschichten. Sie sind wirklich voller Humor. Wer die alten Ausgaben liest, wird sich trotzdem nicht amüsieren, es sei denn mit einem weinenden und einem lachenden Auge. Resignation klingt aus jeder Zeile, aber nie Bitterkeit, es ist ein weises Sichabfinden mit jenem Abgrund, der zwischen der Realität und dem versprochenen Paradies klafft. »Das ist nun mal so«, hatte auch meine Stewardeß immer wieder gesagt und dabei mit den Achseln gezuckt.

Wen nun durfte das *Krokodil* (und die neunzehn kleinen *Krokodile* im Land) noch beißen außer den Bürokraten und den kleinen Polizisten?

Alle Kapitalisten, versteht sich, und alle Kriegshetzer (was dasselbe war) und alle westlichen Politiker (was manchmal ebenfalls dasselbe war). Diese Leute hatten entweder eine Zigarre zwischen ihren dicken Lippen, eine Atombombe in der Westentasche, einen Totenkopf als Manschettenknopf, ein Hakenkreuz als Schlipsnadel, ein Dollarzeichen im Rockaufschlag, oder sie trugen alles gleichzeitig. »Kukryiy« nannte sich das dreiköpfige, übrigens hochbegabte Autorenkollektiv, das für diese Karikaturen verantwortlich zeichnete.

Im Innern durfte man noch auf die Trinker schießen, auf die Müßiggänger und Schmarotzer (die Tunejadzej), auf die Rowdies, auf die Intellektuellen und auf pflichtvergessene Funktionäre der Partei.

Bei letzteren galt es jedoch, den Rang zu beachten. Bei einer gewissen Stufe der Rangleiter hörte der Spaß auf. Die Karikaturisten und Redakteure des *Krokodil* durften zwar dem korrupten Sekretär eines Parteikomitees in

Usbekistan eins überbraten oder dem betrügerischen Leiter einer Sowchose bei Irkutsk, mit dem Ersten Sekretär des Zentralkomitees der Kommunistischen Partei Grusiniens aber mußten sie ein bißchen vorsichtiger sein. Er könnte Gönner in Moskau haben. Ihn konnte man nur anschießen, wenn von höchster Stelle der Jagdschein erteilt wurde.

In Moskau erzählte man sich, daß zwei *Krokodil*-Redakteure ein gefälschtes Dekret über die Errichtung eines nur in der Phantasie existierenden Traktorenwerks in Umlauf brachten. Zwei Dutzend Spitzenbeamte unterschrieben. Selbst das Mitglied des Politbüros, Lasar Moisejewitsch Kaganowitsch, setzte seine Unterschrift unter das Papier. Als man ihn darüber informierte, daß es sich hierbei um eine *Krokodil*-Aktion gegen die Gedankenlosigkeit der Bürokraten gehandelt habe, reagierte er sauer. Die beiden Redakteure wurden aus Moskau ausgewiesen.

Das Lachen konnte einem in der Sowjetunion gelegentlich im Halse steckenbleiben. Michail Michailowitsch Sostschenko wäre beinahe daran erstickt. Der Satiriker, bei dem sich Witz und Trauer, Heiterkeit und Melancholie, Aggressivität und Resignation mischten wie bei allen echten Humoristen, war 1939 mit dem Orden des Roten Arbeiterbanners für seine Verdienste auf dem Gebiet der Literatur ausgezeichnet worden. Er hatte den sowjetischen Alltag so geschildert, daß selbst die Betroffenen darüber wenn nicht lachen, so doch schmunzeln konnten.

Nach dem gewonnenen Krieg, der den Machthabern die Überlegenheit des Sowjetvolks auf allen Gebieten bestätigte, paßte er nicht mehr in die politische Landschaft. Das kleine Pamphlet über die »Abenteuer eines Affen«, mit seiner Gleichsetzung Affe = Oberster Richter, war willkommener Anlaß, den lästigen Kritiker 1946 kaltzustellen. Der einst Hochdekorierte war jetzt ein »Hohlkopf und Volksverräter«, ein »literarischer Bandit mit gemeiner seichter Seele«, ein Mann, der das ganze russische Volk zutiefst beleidigt hatte.

Nach Stalins Tod und Chruschtschows Machtergreifung begann das Eis amtlicher sowjetischer Humorlosigkeit etwas zu schmelzen. In dieser Periode allgemeinen Tauwetters wurden die Karikaturisten kühner, die Humoristen freier, die Flüsterwitzerzähler lauter.

Nehmen wir Karagandash, den berühmten Clown des Moskauer Staatszirkus. Er hatte sich bis dahin an die *Literaturnaja Gazeta* gehalten, die auch für den Dummen August eine gute marxistische Schulung empfahl und ihm politische Themen vorschrieb. Karagandash pflegte mit einem Riesenpaket in die Arena zu stolpern, worin sich Bewilligungszertifikate zum Einkauf von Schnürsenkeln bei der Warenverteilungsstelle seines Wohnviertels befanden. »Haben Sie nun endlich Ihre Senkel?« wurde er nach Verlassen des Amtes gefragt. Die Antwort: »Nein, es fehlte eine Unterschrift.«

Im Zirkus brüllten die Menschen vor Lachen. Sie lachten über sich selbst, über ihren täglichen Kampf gegen die Miseren des Alltags, und sie lachten über diejenigen da oben, die ihnen den Mond versprachen, ohne sie mit Schnürsenkeln versorgen zu können.

Mit solchen Nummern unterschied sich Karagandash nicht von den anderen amtlich zugelassenen Spaßmachern. 1957 aber, in der Tauwetterperiode, trat er vor sein Publikum und verkündete: »Also heute wollen wir mal einen Wettbewerb über den besten politischen Witz veranstalten.«

»Was gibt's denn für Preise?« fragte maulend sein Assistent.

»Erster Preis zwanzig Jahre, zweiter Preis zehn Jahre, dritter Preis fünf Jahre«, antwortete der Clown.

Wenn Lächerlichkeit töten könnte, wären die Hitlers und Stalins spätestens nach zwei, drei Jahren hinweggefegt worden – so viele Witze wurden über sie erzählt. »Stimmt es, daß Stalin alle Witze sammelt, die über ihn gemacht werden?« – »Ja, aber er sammelt auch die Leute, die sie machen.« Das ist ein trauriger Witz, aber leider stimmt er. Er zeigt, daß man den Tyrannen zwar verunsichern kann durch das Lachen, aber nie stürzen.

Und trotzdem ist das Lachen in einer Diktatur so wichtig für die Menschen, die unter ihr leben müssen. Im Gelächter über den Tyrannen kann die Seele Atem holen. Es schafft Erleichterung, macht den unerträglichen Druck für eine Weile erträglich, rückt die Dinge wieder gerade.

Der Berliner, der in der Nazizeit nach Hause kam und seiner Frau berichtete: »Übrigens, Goebbels ist zum Ehrenbürger der Spargelstadt Schwetzingen ernannt worden, weil er als einziger Deutscher den Spargel quer essen kann«, hatte das schöne Gefühl, dem Manne eins ausgewischt zu haben.

Den Moskauer erfüllte bestimmt das gleiche Gefühl, wenn er seinem Kollegen im Betrieb erzählte: »Jetzt ist es endlich klar, warum der Genosse Breschnew unsere Rotarmisten immer noch in der ČSSR läßt.« – »??« – »Sie können und können den Tschechen nicht finden, der ihn um Hilfe gebeten hat.«

Wer einen solchen Witz in die Öffentlichkeit brachte, pflegte ihn meist zu flüstern. Es ist der gute alte, oder sagen wir lieber, der berüchtigte Flüsterwitz, wie ihn ein Teil der Deutschen aus der nationalsozialistischen Vergangenheit kennt. Und wie ihn ein anderer Teil aus der gewesenen DDR kannte. In der Sowjetunion wurde fleißig geflüstert. In allen sozialen Schichten. Nicht nur von den Gegnern des Regimes, auch von seinen Anhängern, und von seinen Mitläufern.

Der Richter verläßt das Justizgebäude, bleibt unter dem Portal stehen, kichert, geht ein paar Schritte weiter, kichert wieder, schlägt sich schließlich vor Lachen wiehernd auf die Schenkel. Ein Kollege fragt ihn neidvoll: »Lieber Anton Pawlowitsch, nun lassen Sie mich schon mal mitlachen.« Sagt Anton Pawlowitsch prustend: »Nein, das geht nicht, das geht nun beim besten Willen nicht, Fjodor Alexejewitsch.« – »Warum geht es denn nicht?« – »Für diesen Witz habe ich gerade jemandem drei Jahre aufgebrummt.«

Als ich vor Jahren den Süden der Sowjetunion bereiste, wurde mir von *Intourist*, dem staatlichen Reisebüro, Swetlana verschrieben. Swetlana Alexandrowna war einundzwanzig, bildhübsch, intelligent und kreuzsympathisch. Sie sprach ein Deutsch, um das sie viele Deutsche hätten beneiden müssen. Sie kannte ihren Schiller, ihren Brecht, den Fichte, den Kant und den Hegel so gut, daß man vor ihr ständig auf der Hut sein mußte. Swetja, wie man sie nannte, versagte nie: Sie wußte, wie alt die Eiben am Bolschoi Agun von Sotschi waren, wie viele Kurgäste pro Jahr das Sanatorium »Metallurg« durchliefen, wie groß die Tee-Ernte auf der Sowchose Dogomis im Durchschnitt des letzten Dezenniums war und wie tief der Ritzasee in den wilden Bergen des Kaukasus ist.

Swetja hatte alles, was ein junges Mädchen haben kann, nur eins schien sie nicht zu haben: Humor. Sie lachte kaum, war stets ernsthaft, bis zum kleinen Zeh durchdrungen vom Sendungsbewußtsein des Kommunismus sowjetischer Prägung. Eine Ninotschka, wie sie die Garbo nicht besser gespielt hat. Auf unseren Reisen saß sie im Fond des großen schwarzen Sim und begann beim Auftauchen einer Sehenswürdigkeit mit feierlicher Stimme zu sprechen: »Die Union der Sozialistischen Republiken der Sowjetunion weist 506 Kurorte auf, davon gebührt Sotschi die Krone. Dieser Schwarzmeer-Ort ist seit Jahren Inhaber des Ersten Preises im Wettbewerb der sowjetischen Kurorte und betreute allein im Jahre 1967 eins Komma sieben Millionen erholungsuchende Arbeiter und Bauern. Die Niederschlagsmenge beträgt im Jahresmittel 1455 ccm, die Luftfeuchtigkeit 80 Prozent.« Nach solcher Einleitung folgte regelmäßig die Frage »Was heißt das?« Swetlana beantwortete sie sich selbst: »Das heißt, daß Sotschi in hervorragendem Maße geeignet ist . . .« Und so weiter. Und so fort.

Einmal führte sie mich in den kaukasischen Revierapark und zeigte mir die mit Namensschildern versehenen »Ehrenbäume«. Sie wurden bei Staatsbesuchen von der kommunistischen Prominenz aus aller Herren Länder eigenhändig gepflanzt. Angesichts der Pappel von Ulbricht kam mir der Gedanke, was der Genosse Gärtner eigentlich macht, wenn so ein Bäumchen kurz nach der Pflanzung eingeht. Ich sprach ihn aus.

Swetlana Alexandrowna krauste die Stirn und schaute irritiert. Man sah ihr an, daß diese Frage in ihrem Antwortenkodex nicht vorgesehen war. Schließlich reckte sie den Kopf und sagte, mit dem üblichen heiligen Ernst: »Die sowjetische Gärtnerkunst hat ein so hohes handwerkliches Niveau erreicht, daß ein solcher Fall nicht denkbar ist.«

Aber auch Swetlana Alexandrowna machte ihr privates Tauwetter durch. Nach vierzehn Tagen begann sie gelegentlich zu lächeln, nach drei Wochen stellte sie zum erstenmal eigene Fragen, nach vier Wochen wagte ich es, ihr einen Witz zu erzählen.

Da sie während der gesamten Reise ununterbrochen erzählt hatte, daß in der Sowjetunion alles, aber auch alles, vom Pflasterstein bis zum Fabrikschornstein, dem Volke gehöre, wählte ich die Geschichte vom Traktoristen Woronin.

»Nein«, sagte der Traktorist Woronin zum Genossen Betriebsdirektor, »ich werde in diesem Jahr keine Friedensanleihe zeichnen.«

»Vergiß nicht, daß wir mit Hilfe deines Geldes im vergangenen Jahr ein Elektrizitätswerk gebaut haben«, sagte der Genosse Betriebsdirektor, »und vor zwei Jahren einen Staudamm in der Kasachischen SSSR. Und vor drei Jahren ein Chemiekombinat in Magnitogorsk.«

»Ich habe es nicht vergessen.«

»Und warum weigerst du dich trotzdem, dein Geld in die große Sache unseres sozialistischen Aufbaus zu investieren?«

»Ach weißt du, Genosse, ein Elektrizitätswerk, einen Staudamm und ein Chemiekombinat habe ich nun. In diesem Jahr würde ich ganz gern ein paar Rubelchen in einen neuen Wintermantel investieren.«

Swetlana fing so an zu lachen, wie ich sie noch nie

hatte lachen sehen, plötzlich stockte sie, sah mich befremdet an und blieb für den Rest des Tages eisig. Am Tage des Abflugs von Tiflis sagte sie ohne jeden Zusammenhang: »Heute habe ich mal für Sie einen Witz. Er stammt aus Ihrem Land.« Und sie erzählte mit wachsendem Vergnügen einen uralten Adenauer-Witz. Sie fügte hinzu: »Damit Sie nicht denken, daß wir uns in der Sowjetunion keine Witze erzählen.« Ein winziges Lächeln lag dabei in ihren Mundwinkeln.

Die Geschichte erinnerte mich an den uralten Dialog zwischen einem Amerikaner und einem Russen. Sagt der Ami: »Ihr wißt doch überhaupt nicht, was Freiheit ist, ihr Ärmsten. Sehen Sie mich, ich kann mich zum Beispiel jederzeit in Washington vor dem Weißen Haus aufbauen und laut schreien: ›Der Nixon ist eine Pfeife!‹ und mir passiert nicht das geringste.« Darauf der Russe: »Glauben Sie etwa, mir passiert was, wenn ich auf dem Roten Platz laut schreie: ›Der Nixon ist eine Pfeife!‹?«

Wie entstanden die politischen Witze in der Sowjetunion? Ein großer Teil brauchte nicht zu entstehen, sondern war bereits da. Es ist der sogenannte Wanderwitz. Er wandert durch die Zeiten von einem unterdrückten Volk zum anderen und paßt sich den jeweiligen Gegebenheiten an. Einer der bekanntesten Wanderwitze ist die Geschichte von dem Bären, der aus einem Zirkus ausbricht und zum Schrecken der ganzen Gegend wird. Schließlich werden überall Steckbriefe angeschlagen, die demjenigen eine hohe Belohnung versprechen, der den Bär erlegt. Zwei Juden lesen das Plakat, sagt der eine: »Am besten, man schnürt sein Bündel und haut ab.«

Fragt der andere: »Seit wann bist du ein Bär, Schmul?«

»Ich bin kein Bär, und du bist kein Bär. Aber wie willst du es ihnen beweisen?!«

Dieser Witz entstand unter dem Zaren, wanderte nach Nazi-Deutschland, blieb nach dem Krieg in der DDR und breitete sich in allen Volksdemokratien aus. Auch das (Hitler-, Stalin-, Ulbricht-)Bild, das sich der Emigrant »gegen das Heimweh« in den Koffer packt, gehört dazu.

»Der Großteil der politischen Witze, die meist sehr scharf antisowjetisch sind, entsteht in Journalistenkreisen«, erzählt der russische Schriftsteller Leonid Wladimirow[32], der sich 1966 aus seiner Heimat absetzte. »Von dorther stammen auch die treffendsten Spitznamen und Epigramme. Wenn sich zwei Freunde von verschiedenen Zeitungen im Journalistenclub treffen, so gehört es fast schon zum guten Ton, das Gespräch mit dem Austausch der allerneuesten Witze zu beginnen: ›Hallo, Sascha, wie geht's? Weißt du schon, was du machen mußt, um deinen Kühlschrank immer voll Lebensmittel zu haben? Ganz einfach, du mußt nur den Stecker des Kühlschranks aus der Steckdose ziehen und ihn ins Radio stecken.‹ Nach einer solchen Einleitung kann das Gespräch dann auf andere Themen übergehen . . . Der größte Teil der in der sowjetischen Presse Tätigen ist zumindest unzufrieden damit, gegen besondere Vergünstigungen täglich Lügen verbreiten zu müssen.«

Als der Kosmonaut Jurij Gagarin seine weltweite Goodwilltour unternahm, stand auf seinem Londoner Programm unter anderem der Besuch einer internationalen Textilmesse. Auf dem Stand der sowjetischen Damenunterbekleidung hing dort als besonders reizvolles Dessous ein schwarzer Büstenhalter mit Nerzspitzen.

Die Journalisten konnten es sich nicht verkneifen, den Genossen Gagarin zu fragen, ob solch »scharfer Fummel« von seinen Landsmänninnen tatsächlich getragen würde. Gagarin antwortete: »Wenn ich das wüßte, wäre ich nicht so glücklich verheiratet, wie ich es tatsächlich bin.«

Gagarin soll dabei gegrinst haben, aber im Grunde wird es ihm ernst gewesen sein mit seiner Antwort. Das will nicht sagen, daß die sowjetischen Ehemänner treuer sind als die des Westens. Die Scheidungsquote in der UdSSR ist ungewöhnlich hoch. Was eigentlich wundernimmt: Die Gelegenheit zum ehewidrigen Seitensprung ist angesichts der Wohnungsknappheit eine komplizierte. (Dazu rasch den passenden Witz. Aus einem Leserbrief an das *Krokodil*: ». . . und hätten wir gern gewußt, ob Sie glauben, daß unsere sowjetischen Männer auf ihren Dienstreisen immer treu sind.« Die Antwort: »Wir glauben es. Besonders, wenn wir dabei an unsere heldenhaften Kosmonauten denken.«) Gagarins Antwort zeigt eher, wie es mit dem Sex bestellt ist in seiner Heimat. Nämlich schlecht, was die offizielle Seite betrifft. Offiziell gab es keinen Sex, sondern nur eine kommunistische Moral. Und die war (und ist) prüde.

Geschlechtliche Aufklärung findet selten statt. Die Lehrer überlassen es lieber den Eltern. In der Literatur wird die Vereinigung zweier Menschen nicht mit klinischer Genauigkeit geschildert wie bei uns, sondern es wird, wie bei Opas Kintopp, grundsätzlich abgeblendet.

Aber auch inoffiziell ist man in Sachen Sex immer noch der Meinung: Man sollte es tun, aber warum ewig darüber sprechen? Leonid Wladimirow zum Beispiel ist der Meinung, daß ein Kinsey-Reporter in Rußland spätestens nach dem zweiten Interview erschlagen werden würde. Und zwar von den Interviewten.

In einer solchen Atmosphäre haben natürlich auch der Sexwitz und seine gröbere Schwester, die Zote, keine Chance. »Sogar auf dem Gebiet des zweideutigen Witzes«, schreibt Wladimirow mit deutlicher Stoßrichtung gegen westliche Zustände, »kann die russische Produktion nicht mit den frappierenden Ergebnissen der kapitalistischen Konkurrenz Schritt halten. Was es in Rußland an solchen Witzen gibt, ist ziemlich schwach. Hier einer über einen Brief an einen Zeitungsherausgeber: ›Ich bin ein siebzehnjähriges Mädchen und möchte gerne wissen, um wieviel Uhr ich ins Bett gehen soll.‹ Antwort: ›Sie sollten spätestens um zehn Uhr im Bett sein, damit Sie noch vor Mitternacht zu Hause sein können.‹«

Geradezu undenkbar wäre es, seinen Moskauer oder Leningrader Freunden Witze vom Affe-Giraffe-Typ zu erzählen (siehe Frankreich-Kapitel). Es sei denn, der Pegel der Wodkaflasche hätte sich bereits stark gesenkt.

Vor einigen Jahren rief die Partei alle Direktoren der sowjetischen Rundfunk- und Fernsehstationen zu einer Konferenz nach Moskau. Getreu berichteten sie mit Hilfe vorbereiteter Referate, was sie im vergangenen Jahr zur Erfüllung der diversen Pläne beitrugen. Hatte der betreffende Direktor sein Referat beendet, rief der Vorsitzende den nächsten auf. Also: »Das Wort hat nun der Vertreter von Radio Kiew« oder von »Radio Odessa« oder von »Radio Tallin«. Jedesmal ertönte höflicher Beifall. Als der Vorsitzende verkündete »Das Wort hat nun der Vertreter von Radio Eriwan«, erklang kein Applaus. Dafür aber spontanes Gelächter, das sich bis zum Lachsturm steigerte und selbst die Herren des Präsidiums mitriß.

Dr. John Saakowitsch Kirakosian, der Direktor des Armenischen Rundfunks und Fernsehens, der inzwischen das Podium erklommen hatte, machte gute Miene zum bösen Spiel. Wie alle anderen wußte er, warum der Name »Radio Eriwan« derart auf die Lachmuskeln wirkte.

Unter dem Slogan »Radio Eriwan antwortet« hatte sich in der Sowjetunion eine Unzahl geflüsterter und nichtgeflüsterter Witze versammelt. In ihrer Frage- und Antworttechnik basierten sie auf dem Rätsel: »Was ist das?« – »Das ist ...« – »Armenische Rätsel« erfreuten sich schon in der Zarenzeit großer Beliebtheit. In ihnen erschien der Armenier meist als eine Mischung aus Einfaltspinsel und schlauem Fuchs, aus Naivität und Raffinesse. Von ähnlicher Art waren die Eriwan-Witze. Das heißt, sie waren es nur dann, wenn sie vom Geist des Originals durchdrungen und nicht auf primitive Antikommunistenmasche gestrickt waren.

»Kluge und geistreiche Leute«, schrieb Nikolai Olin in den sechziger Jahren, »bedienen sich oft und gewandt der Satire und des Humors. Solche Menschen sterben auch in der UdSSR nicht aus.« Das unsichtbare und nicht direkt hörbare »Radio Eriwan« ist als eine neue Form des alltäglichen und politischen Witzes im Lande ungewöhnlich populär.

So entstand der erste humoristische und satirische Katechismus, der für immer unter dem Namen »Radio Eriwan« in die Geschichte eingegangen ist. Dieser einzigartige Katechismus ist bereits auf der ganzen Welt bekannt. Er wird ständig ergänzt, nicht nur durch den

Genius des armenischen Volkes, dem Dummheit und Homosexualität zu Unrecht nachgesagt werden, sondern auch durch die schöpferische Kraft des russischen und deutschen Volkes sowie all der Nationen, die den Totalitarismus kennengelernt haben.

Heute schon ist »Radio Eriwan« ein Begriff, der weit über seine ursprüngliche Bedeutung hinausgeht. Mir erscheint »Radio Eriwan« als ein internationales Konglomerat aus Till Eulenspiegel, Iwanuschka-duratschok, Policinello, Punch, dem braven Soldaten Schwejk, aus Mister Pickwick, Nasreddin, dem lebenslustigen und weisen Muselmanen, aus Figaro, Don Camillo, dem Colas Breugnon Romain Rollands, den Helden der Erzählungen von Scholem Alejchem, Mark Twain und vielen, vielen anderen. Durch dieses literarisch-folkloristische Konglomerat zieht sich wie ein roter Faden ein hoher und edler Humanismus, Achtung vor der Würde des Menschen, Verachtung der Dummheit, der Herrschsucht, der Habgier und aller übrigen Untugenden und Laster.«[33]

Hier einige Exemplare aus der Güteklasse A:

Frage an Radio Eriwan: Stimmt es, daß die Erfindung der Röntgenstrahlen von einem Russen stammt?

Radio Eriwan antwortet: Im Prinzip ja. Schon 1623 sagte der Moskauer Bojar Alexander Tertikow zu seiner Frau: »Ich durchschaue dich, du raffiniertes Luder.«

Frage an Radio Eriwan: Wie kommt es, daß Kanada soviel Weizen an die Sowjetunion liefern kann?

Radio Eriwan antwortet: Wie alle Länder des Westens leidet auch Kanada an der für den Kapitalismus typischen Krankheit, der Überproduktion.

Frage an Radio Eriwan: Können Sie erklären, was das Wort »Chaos« bedeutet?

Radio Eriwan antwortet: Wir befassen uns grundsätzlich nicht mit den Problemen der Landwirtschaft.

Frage an Radio Eriwan: Sollten zur Hebung der Geburtenziffer nicht auch Zeugung und Empfängnis unter staatliche Kontrolle gestellt werden?

Radio Eriwan antwortet: Im Prinzip ja. Unglücklicherweise befinden sich die Produktionsmittel in diesem Fall noch fest in privater Hand.

Frage an Radio Eriwan: Darf man seinen Freunden Witze über Mitglieder des Politbüros erzählen?

Radio Eriwan antwortet: Im Prinzip ja. Aber wer hat schon so gute Freunde.

Frage an Radio Eriwan: Könnte man auch in der westdeutschen Bundesrepublik den Sozialismus aufbauen?

Radio Eriwan antwortet: Im Prinzip ja. Aber warum um alles in der Welt?

Frage an Radio Eriwan: Können Sie mir die Begriffe »Kapitalismus« und »Kommunismus« einmal genau definieren?

Radio Eriwan antwortet: Beim Kapitalismus wird der Mensch durch den Menschen ausgebeutet. Beim Kommunismus ist es umgekehrt.

Frage an Radio Eriwan: Wie ich in der *Istwestija* gelesen habe, werden wir Amerika in naher Zukunft überholt haben. Tags darauf stand in der *Prawda*, daß Amerika dem Abgrund entgegentaumelt. Können Sie mir diesen Widerspruch erklären?

Radio Eriwan antwortet: Im Prinzip ja. (Längere Pause.) Radio Eriwan entschuldigt sich bei allen seinen

Hörern für den vorübergehenden Ausfall unseres Senders auf den Wellenlängen 1181,1 m, 4,4 m, 4,25 m, 74,26 m, 347,6 m 41,27 m und 248,42 m.

Der Dr. John Saakowitsch Kirakosian ist von einer deutschen Zeitschrift einmal gefragt worden, ob er und seine Mitarbeiter sich beleidigt fühlen, daß ihre Sendestation zum Objekt derart massiven Spottes geworden ist.

Saakowitsch antwortete: »Im großen und ganzen keineswegs. Deshalb geben wir auf die Frage, warum man diese Witze unserer Rundfunkstation zuschreibt, die Antwort: Offenbar, weil wir uns aller Fragen und Nöte der Hörer gewissenhaft und sorgfältig annehmen. Manchmal jedoch stellen wir mit Bedauern fest, daß einige jämmerliche Späße, bisweilen mit abgeschmackter antikommunistischer Triebfeder, von Leuten verfaßt werden, die uns nicht freundlich gesonnen sind und in den Frieden unseres harmlosen Humors und gesunden Lachens eindringen. Deshalb gibt es auf die Frage ›Warum sind die Antworten von Radio Eriwan manchmal so lau?‹ die Antwort ›Weil oft andere an unserer Stelle antworten‹. Wir möchten keineswegs, daß andere an unserer Stelle antworten, und schon gar nicht, daß diese Witze bei uns aus der Mode kommen. Offen gesagt, möchten wir auch nicht, daß Ihre Zeitschrift mit derartigen ›witzigen Fragen‹ ihre Späße treibt.«

Auf die Zusatzfrage an Radio Eriwan, ob der Sender über eine Abteilung verfüge, die die Hörerbriefe beantwortet, meinte der Direktor:

»Natürlich, und der Posteingang ist sehr umfangreich. Wir bekommen Briefe aus allen Kontinenten mit vielen Fragen, die unsere Angestellten mit gebührender Aufmerksamkeit und Achtung beantworten. In der Tat kommen zuweilen witzige Anfragen vor, aber kein einziger Verfasser solcher Briefe stammt aus der Sowjetunion.«[34]

Nun, wer den liebenswerten John Saakowitsch kennt, weiß, daß er privat viel viel mehr Humor hat . . .

»Warum findet man eigentlich in unseren Schullesebüchern keine Witze?« fragt Werner Finck. »Was für ein lebendiges Anschauungsmaterial! Wie der politische Witz in seinem aktuellen Stadium ein kunstvolles Propagandagebäude mit einer Pointe zu Fall bringen kann, Abgründe blitzschnell und blitzhell sichtbar werden läßt, so macht er im geschichtlichen Stadium ebenso schnell jedem einleuchtend klar, was auf andere Weise wesentlich schwerer aufzuzeigen wäre.«[35]

Die Geschichte Europas im Spiegel des Witzes, dieses Buch ist eben leider immer noch nicht geschrieben worden. Dabei würde es mehr über unsere gemeinsame Vergangenheit aussagen als der turmhohe Stapel der einschlägigen Folianten. Der Witz als historischer Spiegel gilt besonders für ein Land, dessen offizielle Geschichtsschreibung sich nach den jeweiligen »Trends« zu richten hatte. In einem sowjetischen Lexikon zum Beispiel wird man immer noch nur das finden, was sein *dürfte*, und nicht immer das, was wirklich *war*. Der Witz dagegen kann nicht lügen, er wird, sofern er gut ist, stets die Wahrheit vermitteln.

Wie ließe sich Stalins blinder Terror anschaulicher vergegenwärtigen als durch das Gespräch der drei Häftlinge im Arbeitslager von Workuta. »Warum bist du hier?«

»Ich habe mich 1939 ungünstig über den Genossen Sorokow geäußert. Und du?« – »Ich habe mich 1943 günstig über den Genossen Sorokow geäußert.«

Gemeinsam wenden sich die beiden an einen dritten Häftling: »Und du? Warum bist du hier?«

»Ich bin Sorokow.«

Über den maßlosen Kult, der mit Stalins Person getrieben wurde, fand sich folgende »Meldung«: »Den Wettbewerb, den die Universität Kiew ausgeschrieben hatte, um den besten Entwurf für ein Denkmal Puschkins zu finden, gewann der junge Bildhauer Alexej Jefimowitsch Petrow. Das epochemachende Werk des begabten Künstlers zeigt den Genossen Stalin bei der Lektüre eines Buches von Alexander Sergejewitsch Puschkin.«

Machen wir uns die Methode von Radecki zu eigen und bringen wir von jeder Gattung den Nonplusultra-Witz.

Da wäre *der* Witz . . .

. . . über die Wahlen, bei denen man nie die Wahl hat.

Zwei russische Juden unterhalten sich. »Sagtest du 99,7 Prozent oder 99,8 Prozent?«

»Ich sagte 99,8 Prozent.«

»Komisch, wohin ich auch komme, ich treffe immer nur auf die 0,2 Prozent.«

. . . über die Rolle der Delegationen aus den kommunistischen Parteien aller Länder, die in jedem Jahr zu Dutzenden die UdSSR bereisen, und bei denen immer nur das Gleiche gesprochen wird.

Der Vorsitzende: »Es spricht der Delegationsleiter der brüderlich befreundeten DDR.«

Der Delegationsleiter spricht. Der Genosse Stiljagin übersetzt.

Der Vorsitzende: »Es spricht der Delegationsleiter der brüderlich befreundeten Volksrepublik Korea.«

Der Delegationsleiter spricht. Der Genosse Stiljagin übersetzt.

Nacheinander sprechen die Leiter der Delegationen aus Chile, Albanien, Nigeria, Vientiane, Guatemala, Neuguinea, Finnland. Der Genosse Stiljagin übersetzt ihre Ansprachen, ohne auch nur ein einziges Mal ins Stocken zu kommen. Beim anschließenden gemütlichen Beisammensein tritt ein Tagungsteilnehmer auf ihn zu, schüttelt ihm die Hand und sagt, atemlos vor Bewunderung: »Ich habe noch nie in meinem ganzen Leben ein solches Sprachgenie erlebt, wie Sie es sind, Genosse Stiljagin.«

Stiljagin wehrt bescheiden ab: »Ich bitte Sie, so toll bin ich ja nun auch wieder nicht.« Und nach dem vierten Wasserglas Wodka: »Wenn ich mal ehrlich sein darf: Eigentlich kann ich nur Russisch.«

»Wie konnten Sie dann das übersetzen, was die Delegierten sagten?«

»Ach, was können die schon sagen . . .«

. . . über die Reisenden, die die Sowjetunion verlassen und das Wiederkommen vergessen.

Aus einem Bericht des KGB (wie sich das Komitee für Staatssicherheit nennt): ». . . erhielt die Leningrader Bürgerin Nadjeschda Petrowna Rybik von ihrem Sohn Pjotr Petrowitsch in den letzten drei Wochen vier Ansichtskarten folgenden Inhalts: »Herzliche Grüße aus dem freien Kiew.« – »Herzliche Grüße aus dem freien Warschau.« – »Herzliche Grüße aus dem freien Prag.« – »Aus London grüßt Dein freier Pjotr Petrowitsch.«

... über den einem Minderwertigkeitskomplex ent-
sprungenen Hang, das Gros aller Erfindungen und Ent-
deckungen dieser Welt mit der Marke »sowjetisch« zu
versehen.

Anna Michailowna Popoff studiert brav jeden Tag die
Prawda. Tag für Tag liest sie von den immer massiver
werdenden Drohungen der US-Kriegshetzer. Jetzt
hat nun so ein Ami auch noch ausgerechnet, wie viele
Wasserstoffbomben man braucht, um die Heimat aller
Werktätigen von der Landkarte auszuradieren. Da
springt sie auf, rennt mit der Zeitung in der Hand zu
ihrer Nachbarin hinüber und schreit: »Diese verdammten Amerikaner, hätten wir sie bloß nie entdeckt!«

... über die Reisenden, die die Sowjetunion verlassen
dürfen und wieder zurückkommen.

»Wo warst du überall auf deiner Europa-Reise?«

»London, Rom, Paris, ein paar Tage München.«

»Was war dort eigentlich deine Aufgabe?«

»Ich sollte mich an Ort und Stelle vom Absterben des
Kapitalismus überzeugen.«

»Na, und dein Eindruck?«

Der Heimkehrer (seufzend): »Ein herrlicher Tod.«

... über das immer wieder versprochene bessere
Morgen und noch bessere Übermorgen.

»In fünf Jahren«, sagt der Genosse Bezirkssekretär auf
einem Schulungsabend zu den Arbeitern der Sowchose
»Roter Stern« bei Nowosibirsk, und man spürt förmlich,
daß er es in diesem Moment selbst glaubt, »in fünf
Jahren wird jeder von euch ein schmuckes kleines Auto
in der Garage haben. Und in zehn Jahren ein ebenso
schmuckes, blitzblankes, nagelneues Sportflugzeug.«

Meldet sich der Aktivist Iwan Iwanowitsch schüchtern: »Nun ja, ein Flugzeug, das ist eine gute Sache, obwohl, natürlich, immer ausreichend Saatgetreide, das ist auch eine gute Sache. Also ehrlich gesagt, Genosse Bezirkssekretär: Was mache ich mit dem Ding, dem Flugzeug, was mache ich damit?«

Der Sekretär schlägt sich mit der Faust gegen die Stirn. »Will das denn nicht rein in deinen Kopf, du Tschernuk, du Hundesohn? Denk doch mal nach. Hier in Nowosibirsk kriegst du keine Schuhe, brauchst du aber welche, der Winter kommt, was willst du machen ohne ein Paar feste Schuhe, na da hörst du, im Warenhaus GUM in Moskau gibt es welche, braune, schwarze, große, kleine, na so viel du haben willst. Was tust du nun, na, was wirst du wohl tun?«

Atemlose Stille.

»In dein Maschinchen wirst du klettern, den Motor anwerfen und nach Moskau knattern und mit ein Paar Schuhen zurückkommen, das wirst du.«

. . . über die Empfindlichkeit der Offiziellen gegenüber der leisesten Kritik von einem Ausländer.

Moskauer Hauptbahnhof. Der Betreuer des staatlichen Reisebüros *Intourist* erklärt einer Gruppe amerikanischer Touristen den Zugbetrieb. ». . . wird da drüben auf Bahnsteig 5 gleich der Urlauberzug nach Sotschi starten. Auf Gleis 24 wird in vier Minuten der Schnellzug aus Leningrad einlaufen, und von Gleis 36 startet in Kürze der Transsibirienexpreß, während von Gleis 12 alle fünf Minuten ein Vorortszug nach Scheremetjewo abgeht und von Gleis 31 alle zwanzig Minuten ein Triebwagen nach Minsk, und von Gleis . . .«

»Verzeihung«, unterbricht da Mr. Jenkins aus St. Louis den Betreuer, »aber wir stehen jetzt bereits zwanzig

Minuten hier und haben noch nicht einen einzigen Zug gesehen!«

Dreht sich der *Intourist*-Mann auf dem Absatz herum und sagt: »Ach, und was macht ihr für Schweinereien mit den Negern?«

... über die Tatsache, daß die Gewöhnung an die Gewohnheit das Normale anomal erscheinen läßt.

Vor dem Hotel »Rossija« in Moskau parkt ein westlicher Sportwagen. »Mich würde interessieren«, wendet sich ein Passant an den Mann am Volant, »wie Sie zu Hause an solch einen Wagen kommen.« – »Ich gehe zu einem Autohändler und bestelle ihn. Nach ein paar Wochen, manchmal auch sofort, je nach Lieferfrist, wird er mir dann vor die Tür gefahren.« – »Und..., und das Benzin, dieses Wägelchen verbraucht doch bestimmt eine Menge?« – »Das Benzin tanke ich an einer Tankstelle.« – »Wenn er aber mal kaputt ist, was dann?« – »Wenn er mal kaputt ist, macht ihn die Werkstatt wieder ganz.« – »Und die Bezugsscheine, die Genehmigungen, wie ist es damit?« – »So was brauchen wir alles nicht.« Der Passant kratzt sich am Hinterkopf, überlegt, sagt dann: »Welch ein Chaos!«

Es gab tatsächlich Leute, die selbst Stalin einen ausgesprochenen Sinn für Humor und ein herzhaftes Lachen nachsagten. »Als er im Jahre 1944 mit de Gaulle zusammentraf, beging der Dolmetscher Josef Wissarionowitschs einen Übersetzungsfehler, der sofort durch den französischen Dolmetscher Laloy richtiggestellt wurde. Pawlow beeilte sich, seine Übersetzung zu berichtigen. Darauf sagte Stalin lächelnd zu de Gaulle: »Der Genosse Pawlow sieht wirklich abgespannt aus. Man muß ihn in Erholung schicken. Wie wäre es mit Sibirien? Haha!«

De Gaulle ging es wie allen, die diese verbürgte Geschichte hörten: Er konnte nicht darüber lachen.

Auch Chruschtschow wird diese Art von Humor nicht geschätzt haben, als Stalin ihn einmal zwang, bis zur totalen Erschöpfung Krakowiak zu tanzen. »Ja, der kleine Dicke«, pflegte er zu sagen, »der hat nur Weiber, Schnaps und Gesang im Kopf.«

Er konnte nicht ahnen, daß Nikita ihn einmal planmäßig demontieren würde. Das sogenannte Tauwetter begann! Mit ihm nahm die Zahl der Chruschtschow-Witze rapide zu. Sie auf offenem Markt zu erzählen war jedoch immer noch ein Wagnis. Selbst dann, wenn der Erzähler ein Ausländer war. Dem Korrespondenten der amerikanischen Zeitschrift *Newsweek* wurde kurzerhand die Akkreditierung entzogen, als er einige politische Witze über Nikita kolportierte. Doch mußte man nicht mehr ständig befürchten, im Morgengrauen aus dem Bett geklingelt zu werden, und wer vor der Haustür stand, war nicht der Milchmann.

Ende der fünfziger Jahre weilte der Herausgeber des *Punch*, der legendären britischen Satirezeitschrift, in Moskau. Malcolm Muggeridge begegnete Chruschtschow bei einem Empfang in der Englischen Botschaft am Sophienufer. Heinz Schewe, der damals als Korrespondent von der Moskwa berichtete, wurde Zeuge der sich entspinnenden Unterhaltung zwischen beiden Männern.

Muggeridge: »Ich freue mich, Sie kennenzulernen, Mr. Chruschtschow. Sie sind doch auch ein großer Humorist.«

Chruschtschow: »So, meinen Sie? Aber ich verkaufe meinen Humor nicht an das *Krokodil*.«

Muggeridge: »Lesen Sie denn das *Krokodil*?«

Chruschtschow: »O ja. Gelegentlich schon. Meine Enkelkinder mögen es gern, wenn ich ihnen die Zeichnungen und Karikaturen erkläre.«

Muggeridge: »Humor ist die schwerste und traurigste Arbeit auf der Welt.«

Chruschtschow nickte tiefsinnig.[36]

Nikitas Tauwetter währte nicht lange genug, um das Eis des kalten Krieges wenigstens an der Oberfläche schmelzen zu lassen. Schon geraume Zeit vor seinem Sturz begann der Sowjetbürger wieder zu frösteln. Unter Breschnew erfroren die zarten Triebe vollends, die gerade emporgesprossen waren. Unter Andropow und Tschernenko änderte sich nichts. Doch einige Jahre später erzählte man sich in Moskau etwas, was Iwan Iwanowitsch gerade erlebt hatte. Er betrat die Teestube unweit des Warenhauses GUM und sagte zur Kellnerin: »Bitte, ein Glas Tee und die *Prawda*.«

»Tee können Sie kriegen, aber die *Prawda* haben wir abbestellt.«

Iwan trinkt den Tee und ruft die Kellnerin: »Noch einen Tee und die *Prawda*, bitte.«

»Tee können Sie kriegen, aber wie ich schon sagte, die *Prawda* haben wir abbestellt.«

Er trinkt ihn und ruft wieder die Kellnerin: »Bringen Sie mir noch ein Täßchen und dazu die *Prawda*.«

Die Kellnerin, nun etwas ungeduldig: »Ich habe Ihnen doch schon zweimal gesagt, Väterchen, daß wir die *Prawda* abbestellt haben, mit anderen Worten, wir führen sie nicht mehr!!«

»Sagen Sie es noch einmal und noch einmal und noch einmal. Man kann es einfach nicht oft genug hören . . .«

Dieser Witz wird in die DDR wandern und dort

zu gegebener Zeit die *Prawda* in das *Neue Deutschland* verwandeln, den Iwan Iwanowitsch in einen Herrn Zietzsch aus Leipzig. In der Sowjetunion zeigte er an, daß Glasnost und Perestroika ausgebrochen waren. Der sie auf seine Fahnen geschrieben hatte, wurde in Westeuropa so populär, wie es einem dortigen Politiker nie beschieden war: Michail Sergejewitsch Gorbatschow. *Glasnost* kommt aus dem Wort *glasnyj* gleich *öffentlich.* *Perestroika* wird im neuen Duden mit *Umbau* übersetzt.

Als im Kreml bekannt wurde, wer der Nachfolger Tschernenkos sein würde, steckten die Politgreise die Köpfe zusammen.

»Wie alt ist er denn eigentlich?«

»Dreiundfünfzig.«

»Himmel, jetzt schicken sie uns schon die Kinder.«

Jene Triebe begannen wieder emporzukeimen, die schon einmal verdorrt waren. Kein Wunder, daß sie diesmal vergleichsweise zaghaft den Boden durchbrachen. Man wußte ja nicht, ob ... Die Karikaturisten gingen als erste daran, in Moskau ein Zentrum des Humors zu installieren mit einer eigenen Zeitschrift, dem *Bügeleisen, Utjug* auf russisch. In den einzelnen Republiken bildeten sich viele kleine Utjugs, auch sie mit dem Ziel, das Bügeleisen eigenhändig zu benutzen, ohne daß ihnen der Staat, wie gehabt, von hinten die Hand führte. Das Ergebnis allerdings war eher mager: viel Symbolisch-Allegorisches, wenig Aktuelles; es sei denn, man rechnet die Attacken gegen Bürokraten und wodkaselige Arbeiter, gegen Schlendrian und Diebstahl am Arbeitsplatz dazu, gegen die Auswüchse also und nicht gegen das System. Aber das war auch früher schon erlaubt.

»Mit der Karikatur«, schreibt Stefan Siegert, der sich zusammen mit zwei Kollegen aufmachte, in Moskau und Umgebung das Lachen zu suchen, »mit der Karikatur steht es allem Anschein nach nicht viel anders als mit den übrigen Produktionsbereichen im ehemaligen Zentrum der Weltrevolution zu Zeiten der Perestroika: Die Vergangenheit ist noch nicht abgeschüttelt, die Gegenwart noch nicht ausgefüllt, an internationale Standards ist vorerst nicht zu denken.«[37]

Die Kolporteure der nun überall sprießenden Gorbi-Witze hielten sich in der Lautstärke auch erst einmal zurück. Zwar war es mit der Freiheit der Meinung nun besser bestellt, aber was war mit der Freiheit nach der Meinung?

Der uns bereits bekannte Iwan Iwanowitsch steht bereits im zehnten Laden vor leeren Regalen. »Da war's ja unter Breschnew noch besser«, flucht er, nun am Ende seiner Geduld. »Dieser Gorbatschow ist nichts als ein Sprüchemacher, ein Großmaul, ein Lügenbold.«

Ein Milizionär tippt ihm von hinten auf die Schulter. »Unter Breschnew, Genosse, wärst du dafür erschossen worden.«

Meint Iwan daheim zu seiner Frau: »Es steht noch schlimmer um uns, als ich dachte. Die haben noch nicht mal mehr Munition.«

Gorbatschow wendet sich auf einer Massenversammlung an das Volk: »Perestroika ja, Glasnost ja, aber ich bin ein Kommunist, lebe mein Leben als Kommunist und werde als Kommunist sterben.«

Zwischenruf: »Mein Gott, Gorbi, hast du denn überhaupt keinen Ehrgeiz?!«

Auch der gute alte Wanderwitz taucht natürlich wieder auf. Anstelle von Chruschtschow tritt jetzt Gorbi auf. Er fragt ein kleines Mädchen auf einer Kolchose: »Kennst du mich denn wirklich nicht? Ich bin doch der Mann, der euch Reichtum, Reisen, gutes Essen bringen wird.« Und das Mädchen ruft aufgeregt: »Väterchen komm schnell, Onkel Peter aus Amerika ist da!«

Daß Gorbatschow selbst Humor hat, eine gehörige Portion Selbstironie inbegriffen, steht zumindest seit jenem Tag fest, da er mit Helmut Kohl beim Wodka in einem kaukasischen Jagdhaus saß. Mit diesem Getränk, so Gorbi, habe er in seiner Anfangszeit als Generalsekretär seinen größten Fehler begangen, habe er doch versucht, den Russen den Genuß des ihnen heiligen Wässerchens zu vermiesen, indem er den Verkauf weitestgehend einschränkte, ja verbot.

Nach diesem Verbot habe es nur noch wenige Läden in Moskau gegeben, die legal Alkohol verkaufen durften. Riesige Schlangen bildeten sich, und einen der dort bereits seit Stunden stehenden Sowjetbürger packte einmal eine derartige Wut, daß er ausrief: »Schuld an allem ist dieser Gorbatschow! Umbringen sollte man ihn dafür!!!«

»Ja, dann tu es doch, Towarisch«, feuerten ihn seine Leidensgenossen an. »Geh zum Kreml und tu es!«

Der Genosse ging zum Kreml, kam aber nach kurzer Zeit wieder zurück.

»Nun, hast du ihn umgebracht?« fragten ihn die Wartenden voller Spannung.

»War nicht möglich«, knurrte der, »Schlange vor dem Kreml ist noch länger.«

Ohrenzeuge Horst Teltschik, damals Ministerialdirektor im Bundeskanzleramt, berichtet leider nicht, ob Helmut Kohl sich mit einem eigenen Witz revanchiert

hat.[38] Wohl kaum, stieß doch unsere schriftlich geäußerte Bitte, der Kanzler möge uns seinen Lieblingswitz
erzählen, auf folgende Antwort: »Bedauerlicherweise
sieht er sich aufgrund seiner Überbelastung außerstande,
sich an dem geplanten Buchprojekt[!] ›Lachen ohne
Grenzen‹ zu beteiligen, und bittet Sie hierfür um Verständnis. Mit freundlichen Grüßen Prof. Dr. Wolfgang
Bergsdorf. Presse- und Informationsamt der Bundes-
regierung. Leiter der Abteilung Inland.«

Selten so jelacht . . .

Der wunderbare Mann namens Gorbatschow, der die
beste aller Gaben besitzt, nämlich über sich selbst lachen
zu können (wie *sein* Lieblingswitz beweist), ist bereits
Geschichte geworden. Weil die Revolution sich wieder
nach Danton richtete und ihre eigenen Kinder fraß. Zeit
wäre es, Gorbi zum Ehrenbürger einer großen deutschen Stadt zu machen, Berlins zum Beispiel, anstelle
einer jener unsäglichen Figuren, die leider niemand hin-
weggelacht hatte, als es noch möglich gewesen wäre . . .

Die UdSSR, an der er in blinder Liebe hing wie nur ein
kindischer Vater, der ewig hofft, Geburtsfehler würden
sich eines Tages doch noch verwachsen, auch sie gibt
es nicht mehr. GUS heißt das jetzt, Gemeinschaft Un-
abhängiger Staaten (oder sagen wir es vorsichtiger:
hieß das im Augenblick der Niederschrift durch den
Autor).

Was können wir den Leuten von der GUS wünschen? Nicht mehr als das, was über diesem Kapitel
steht: *Verlernt das Lachen nicht.* Das ist wenig, und doch
viel . . .

Die Italiener
oder
Armer Bajazzo

Ein Volk, das berühmt ist und berüchtigt zugleich wegen seines Dolce far niente und Dolce vita, wegen seines lauten Frohsinns und seiner fröhlichen Lautstärke, wegen seiner Sangeslust und seines ewig lachenden Himmels, ein solches Volk ist ein Hauptstück für unsere Revue europäischen Humors.

Denkt man. Und irrt sich.

Während in der internationalen Witzliteratur die »Schotten lachen« und die »Engländer lachen« und die »Franzosen lachen«, ja selbst die Russen jene eigentümlichen, mit einer Zusammenziehung der mimischen Gesichtsmuskeln verbundenen stoßweisen Atembewegungen ausführen (so »das Lachen« laut Brockhaus), melden die Italiener hier Fehlanzeige. Kein Humor-Brevier, keine Witzsammlung, kein Karikaturenbüchlein, das in Deutschland vom Gelächter südlich des Brenners kündete.

Ein Zufall? Wohl kaum. »Im Londoner Nebel gibt es unendlich mehr Humor und Komik«, schreibt zum Beispiel der französische Schriftsteller Jean Neuvecelle, der lange Jahre in Rom verbracht hat, »als in den von Licht überfluteten Gassen Palermos . . . Je weiter man nach dem Süden Italiens hinabsteigt, um so trüber gestimmt werden die Menschen. Ganz entgegen der Vorstellung, die sich die anderen Völker von ihm machen, neigt der Italiener zum Trübsinn und zur Melancholie. Der volkstümlichste Dichter in diesem Lande ist Leopardi, der Begründer der pessimistischen Schule ... Sogar wenn sie sich amüsieren wollen, lieben die Italiener das Ernsthafte; sie bedürfen der Tränen und Tragödien. Jeder italienische Schauspieler, selbst der Komiker, hält stets ein Schluchzen in Bereitschaft ... Von Ausnahmen abgesehen haben die Italiener keine bedeutenden Humoristen oder mögen sie nicht mehr. Molière ist in Paris immer noch ein zugkräftiger Autor, der klassische Goldoni aber gefällt in Italien nur den Snobs ... Die politische Karikatur ist unentwickelt und wird sehr schnell boshaft ...«[39]

Diese Diskrepanz zwischen Wein, Weib, Gesang auf der einen Seite und Melancholie auf der anderen hat die Experten seit eh und je irritiert. Sie haben nach Erklärungen gesucht, und wer sucht, findet schließlich. Die Hitze ist's, die die Menschen trübselig macht, so fanden sie. Wer das Jackett ablege, verliere damit auch seinen Humor. Im heißen Süden Spaniens wird wenig gelacht, in Griechenland noch weniger, in der Türkei verzieht kaum jemand eine Miene, in Ägypten reicht es allenfalls zu einem melancholischen Lächeln, und in Persien kriegt ein Mensch, der viel lacht, den geringschätzigen Spitznamen »Der Lachende«.

Und wenn man bedenkt, daß die Eskimos zu wahren Lachkaskaden fähig sind, mag man der Theorie einiges abgewinnen, wonach die Humorbegabung eines Volkes im umgekehrten Verhältnis zur Sonneneinstrahlung steht. Doch kriegt sie sofort Löcher bei der Betrachtung von Norwegen zum Beispiel, wo es recht frisch ist und trotzdem Menschen wohnen, die beim Anhören eines hinreißend komischen Witzes zu der griesgrämigen Bemerkung imstande sind, daß sie leider in diesem Monat bereits einmal gelacht haben.

Zurück zu Italien, dem Land, in dem viele Zitronen blühen, aber wenig Humore. Was im Grunde ein Witz für sich ist. Denn diesem Land, genauer gesagt der Toskana, verdankt das Abendland jenen scherzhaften Einfall in knapper, zugespitzter Wortprägung mit der überraschenden heiterkeitsauslösenden Wendung, den wir »Witz« zu nennen pflegen.

Damals hieß der Witz aber noch nicht Witz, sondern »Novellino«. Die Novellinos wurden von Männern zusammengestellt, die am Hofe zu Florenz dienten. Sie erheiterten damit den Herrscher und erwarben sich dessen Huld. Als Quelle dienten antike Autoren wie Suetonius, Plautus, Terenz. Pioggio Bracciolini, den man Poggio den Florentiner nannte, schrieb eine Witzsammlung unter dem Titel *Libri facetiarum*. Sie gaben bald einer ganzen Gattung ihren Namen. Unter dem Signum »Fazetien« verbreiteten sie sich über ganz Europa. Sie waren ziemlich deftig, ja unflätig, was aber selbst Damen nicht störte. Im 15. Jahrhundert war man nicht besonders empfindlich. Jedenfalls stammt aus jener Zeit die berühmte Frage aller Witzeerzähler, die auch heute noch »in« ist: »Kennen Sie den?«

Trotz aller Deftigkeit ist es nicht unbedingt nötig, diese Fazetien zu kennen. Vom Zahn der Zeit zernagt, sind die meisten von ihnen fadenscheinig geworden. Fadenscheinig, belanglos, albern. Hier zwei Proben aus der besseren Kiste:

Junger Ehemann zu ganz junger Ehefrau: »Sollen

wir erst eine Kleinigkeit essen, oder wollen wir erst . . ., hm, na du weißt schon.« Ehefrau unterwürfigst: »Ganz wie du willst, lieber Mann. Und dann wollen wir was essen.«

Ein Philosoph, der sein Studierzimmer nach langen Jahren zum erstenmal verlassen hat, um in der Stadt eine Verwandte zu beerdigen, trifft eine Dienerin der Venus. »Wieviel?« fragt er, nach so langer Enthaltsamkeit von der Fleischeslust gebeutelt. »Für euch, Herr Doktor, drei Dukaten«, knickst das Mädchen. Der Philosoph, nach kurzem Sinnen: »Drei Dukaten sind zuviel für meine Reue.« (Hier ist die antike Quelle überdeutlich. Eine ähnliche, allerdings besser formulierte Antwort nämlich gab Demosthenes der Lais, Korinths berühmter Hetäre, als sie für eine Nacht die phantastische Summe von zehntausend Drachmen verlangte: »So teuer kaufe ich die Reue nicht.«)

Der Pfarrer Arlotto, der ebenfalls dem 15. Jahrhundert angehört, hat zwar keine Fazetien geschrieben, dafür hat er sie gelebt. »Piovano Arlotto« gehört ähnlich wie bei uns Till Eulenspiegel oder der Tolle Bomberg zu den volkstümlichsten Gestalten der Apenninenhalbinsel. Über seine Streiche, Bonmots, Witze lachte das Europa der Renaissance und lacht man, wenn auch mit weit weniger Vergnügen, heute noch in Italien. Sogar einem modernen satirischen Blatt lieh er seinen Namen.

Die Witze des Pfarrers nun sind derart obszön, daß die Verse der Frau Wirtin von der Lahn wie aus einem Erbauungsbuch für höhere Töchter anmuten. Selbst unsere Porno-Grafen würden, so schwer es ihnen auch fiele, dabei erröten. Und deshalb hat man des Arlottos fröhliche Ferkeleien der Nachwelt nur gereinigt überliefert. So stark gereinigt oft, daß das Original verwaschen war und niemandem mehr paßte.

Hier ein rekonstruiertes Original: Arlotto versucht, eine Nonne zu verführen. Vergeblich. Sie weist ihn auf das Gelübde der Keuschheit hin, das sie abgelegt hat, bleibt standhaft und standfest. Da zeigt ihr Arlotto seinen erigierten Penis und sagt feierlich: »Dieses, meine Schwester, ist der Schlüssel des Petrus, und mit ihm werde ich dir das Himmelreich aufschließen.« Diesem Argument ist die fromme Schwester nicht gewachsen, sie verliert ihren Halt und die Unschuld. Sie ist jedoch noch unschuldsvoll genug, der Oberin von Petri Schlüssel leuchtenden Auges zu berichten. Daraufhin die Oberin in maßlosem Zorn: »Dieser Teufelsbraten. Bei mir war der Schlüssel Gabriels Horn, und ich habe es zwei Jahre lang brav geblasen.«

Pfarrerwitze sind auch heute noch, wenn auch nicht in dieser so eindeutigen Form, typisch für das, was man den Witz Italiens nennt. In Deutschland ist diese einst so beliebte Gattung im Aussterben begriffen, sieht man von einigen besonders »schwarzen« Gegenden unseres Landes ab. Man macht keine Witze mehr über eine Institution, deren einst allgegenwärtige Macht im Schwinden begriffen ist. Es geschieht hier dasselbe wie bei den Lehrerwitzen, über die unsere Väter noch Tränen lachten. Über einen vom Katheder gestürzten Tyrannen, sprich Pauker, lacht es sich nicht mehr so gut.

In Italien aber ist der Klerus trotz einiger Einbußen noch eine führende Kraft. Deshalb lohnt es sich, über ihn zu spotten. Doch im Gegensatz zu Frankreich sind

diese Witze nie bösartig. Es ist mehr ein Augenzwinkern, ein Lächeln der Auguren, ein Sichmokieren über Menschlich-Allzumenschliches.

Windstärke 12. Der Steuermann zu seinem Passagier, einem Bischof: »Eccelenza, das Ruder ist gebrochen, im Bug ist ein Leck, das Rettungsboot ist über Bord gegangen, Schwimmwesten haben wir nicht, es sieht ganz so aus, als ob wir in wenigen Stunden im Paradies sein werden.« Der Bischof, totenbleich, zitternd, schlägt das Kreuz und sagt: »Gott bewahre uns davor.«

Und kennen Sie den schon? Der Molinari Giuseppe hockt im Beichtstuhl und beichtet Don Angelo alles, was er so in der letzten Zeit zusammengesündigt hat. Die Liste ist stattlich, und noch immer fällt ihm Neues ein. Don Angelo kommt aus dem Staunen nicht heraus. Er ist ja auch noch kein richtiger Pfarrer, sondern erst Pfarrgehilfe, Koadjutor. »Gewildert hast du also auch?« sagt er gerade und überlegt, wie da das Bußmaß sein mag. Na, ist vielleicht besser, er fragt den Pfarrer selber. Rennt er also hinüber und in die Pfarrwohnung und sagt atemlos: »Der Molinari Giuseppe ist da, was soll ich dem denn geben?« – »Nun«, antwortet der Pfarrer, »ich habe ihm immer fünftausend Lire fürs Pfund gegeben.«

Nur in Italien konnte die Gestalt des Don Camillo entstehen. Giovanni Guareschi hat ihn nicht zu erschaffen brauchen, sondern lediglich nach der Natur abzuzeichnen. Es gab und gibt viele Don Camillos in den kleinen italienischen Landstädtchen. Priester sind es, die die unmenschlichen Gegensätze zwischen den Ideologien wieder menschlich machen. Weil sie Toleranz haben und Nachsicht und Güte und, last not least, Humor.

Auch Peppone, der Führer der örtlichen kommunistischen Partei und erbitterte Gegner Camillos, hat trotz aller politischen Verbohrtheit Humor. Und so raufen die beiden sich immer wieder zusammen. Das Lachen ist die Brücke, auf der sie zueinanderfinden. Jeder gibt nach, und doch gibt sich keiner auf.

Aus dem Kapitel »Die Beichte« hier eine Probe zum Beweis:

»Die Zeit verging, und ein Abend kam, an dem Don Camillo noch zu später Stunde im Beichtstuhl saß und durch das Gitter das Gesicht des Häuptlings der extremen Linken, Peppone, erkannte.

Peppone im Beichtstuhl, das war ein Ereignis, bei dem einem der Mund offenstehen bleiben mußte. Don Camillo strahlte:

›Gott sei mit dir, lieber Bruder, mit dir mehr als mit irgend jemandem, weil du mehr als die anderen seinen Segen notwendig hast. Es muß schon lange her sein, daß du das letztemal gebeichtet hast.‹

›Es war 1918‹, antwortete Peppone.

›Stell dir nur alle die Sünden vor, die du in diesen dreißig Jahren mit all deinen heidnischen Gedanken im Kopf begangen hast!‹

›Na ja, es sind schon so manche‹, seufzte Peppone.

›Zum Beispiel?‹

›Zum Beispiel: vor zwei Monaten habe ich Sie geprügelt.‹

›Ernste Sache‹, antwortete Don Camillo. ›Indem du einen Diener Gottes beleidigt hast, fügtest du Gott selbst eine Beleidigung zu.‹

›Ich habe es bereut‹, rief Peppone. ›Außerdem habe

ich Sie nicht als einen Diener Gottes, sondern als einen politischen Gegner geprügelt. Es war ein Moment der Schwäche.‹

›Außer dieser und der Zugehörigkeit zu deiner teuflischen Partei hast du noch andere schwere Sünden zu beichten?‹

Peppone schüttelte den Sack aus.

Alles in allem war es nicht viel, und Don Camillo fertigte ihn mit zwanzig Vaterunser und Ave Maria ab. Als dann Peppone an der Kommunionbank kniete, um seine Buße abzubeten, fiel auch Don Camillo vor dem Kruzifix auf die Knie.

›Jesus‹, sagte er, ›verzeihe mir, aber ich haue ihm eine herunter.‹

›Denke nicht einmal daran‹, antwortete Jesus. ›Ich habe ihm vergeben, du mußt ihm auch vergeben. Im Grunde genommen ist er ein braver Mensch.‹

›Jesus, traue diesen Roten nicht. Sie sind furchtbar heimtückisch. Schau ihn dir gut an: hat er nicht ein Räubergesicht?‹

›Ein Gesicht wie alle anderen. Don Camillo, in dein Herz hat sich Gift eingeschlichen!‹

›Jesus, wenn ich dir je gut und mit Hingabe gedient habe, dann bitte ich um diese eine Gnade: Laß es wenigstens zu, daß ihm dieser Leuchter auf den Nacken fällt. Was ist schon so ein Leuchter, mein Jesus?‹

›Nein‹, antwortete Jesus. ›Deine Hände sind zum Segnen, nicht zum Schlagen da.‹

Don Camillo seufzte.

Er verbeugte sich und verließ den Altar.

Er wandte sich dann noch einmal um, um sich zu bekreuzigen, und befand sich so gerade hinter Peppones

Rücken, während dieser kniend ganz im Gebet versunken war.

›In Ordnung‹, flüsterte Don Camillo, indem er die Hände faltete und zu Jesus hinaufschaute. ›Die Hände sind zum Segnen da, nicht aber die Füße!‹

›Auch das ist wahr‹, sagte Jesus vom Hochaltar, ›aber ich bitte dich, Don Camillo, nur einen!‹

Der Fußtritt traf wie ein Blitz, Peppone steckte ihn, ohne mit der Wimper zu zucken, ein, stand dann auf und seufzte erleichtert:

›Zehn Minuten warte ich schon darauf‹, sagte er. ›Jetzt fühle ich mich viel besser.‹

›Ich auch‹, rief Don Camillo, und sein Herz war jetzt leicht und rein wie der heitere Himmel.

Jesus sagte nichts. Man sah Ihm aber an, daß auch Er zufrieden war.«[40]

Wie eng benachbart in Italien die Heiligen und die Narren leben, zeigt auch der Brief, den der Dichter August von Platen 1830 an den Historiker Leopold von Ranke schrieb. Platen, dem ganze Schülergenerationen »Das Grab im Busento« verdanken, erzählt darin von einem Erlebnis in Neapel, das er als typisch für die italienische Mentalität empfand.

Auf den Stufen der Kirche San Domenico Maggiore steht ein Kapuzinermönch und redet einer immer größer werdenden Menschenansammlung mit leidenschaftlichem Eifer ins Gewissen. Plötzlich, auf dem Höhepunkt seiner Predigt, wird auf der gegenüberliegenden Straßenseite ein Kasperletheater aufgebaut. Die Aufmerksamkeit der bis dahin gebannt lauschenden Zuhörer läßt augenblicklich nach. Einige lösen sich aus der Gruppe und schlendern wie absichtslos über die

Straße. Schließlich ist die gesamte Gemeinde schamlos zum Feind, sprich zum Puppenspieler, übergelaufen.

Wütend eilt der enttäuschte Gottesdiener seinen Schäflein nach, schwingt sein Kruzifix hoch in der Rechten und schreit mit sich überschlagender Stimme: »Ecco il vero pulcinella!« (»Hier ist der wahre Kasperl!«)

Als der russische Kosmonaut Juri Gagarin, der als erster Mensch den Weltraum betrat, Rom besuchte, wurde er von Togliatti, dem Führer der italienischen Kommunisten, diskret zur Seite genommen. »Sag mal, Genosse, du warst nun da oben und hast eine Menge erlebt und gesehen. Hast du, hm, ich meine, hast du auch *Ihn* gesehen?«

Gagarin nickte bedeutungsschwer.

Stöhnte Togliatti: »Mamma mia, ich hätte es mir beinah gedacht.« Und zu Gagarin, flüsternd: »Du hältst die Schnauze, klar?«

Anderntags wurde Gagarin vom Papst in einer Audienz empfangen. Kurze Unterhaltung, apostolischer Segen, Verabschiedung. Bevor der Astronaut durch die große Tür wieder verschwand, ließ ihn der Papst noch einmal zurückrufen. »Was mich noch interessieren würde, lieber Major, als Sie mit Ihrer Kapsel da oben herumfuhren, haben Sie da eigentlich . . ., ich meine, hm, haben Sie *Ihn* dabei zu Gesicht bekommen?«

Gagarin schüttelte bedauernd mit dem Kopf.

Seufzte der Papst: »Heilige Jungfrau Maria, ich hätte es mir beinah gedacht.« Und zu Gagarin, flüsternd: »Aber, bitte, kein Wort zu den anderen.«

Apropos Papst! Es gab einen, dem man nicht nur Frömmigkeit nachsagte, sondern auch Humor: Johannes XXIII. Man schrieb noch zu seinen Lebzeiten Bücher über ihn, von denen eines den Titel trägt *Ein Papst lacht*.[41] Wenn man den Titel liest, muß man unwillkürlich an den Perser mit dem Spitznamen »Der Lachende« denken. Den hatte er bekommen, weil die anderen Perser so wenig lachten. So wird es auch bei den Päpsten gewesen sein. Jedenfalls ist weder von Pius XII. noch von Paul VI. Humoriges zu berichten.

Die Scherze des Johannes sind nicht gerade zwerchfellerschütternd. Besonders geistreich oder brillant sind sie auch nicht. Sie kommen aus einem im besten Sinne naiven Gemüt, aus dem gesunden Menschenverstand. Wer sich so etwas bewahren konnte, unter der Tiara, auf der Sedia gestatoria, dem Tragthron, der muß ein besonderer Mensch gewesen sein. Ein Mann von Humor.

»Der Seelenhirt Roncalli«, schrieb Sekretär Loris Capovilla über seinen »Chef«, »ist ein heiterer Papst, der sich lachend freuen kann wie selten ein Nachfolger auf dem Stuhl Petri.«

Herzerwärmendes Schmunzeln ist wohl der richtige Ausdruck für das Gefühl, das einen überkommt, wenn man von seinen speziellen »Bonmots« (die eigentlich gar keine sind) erfährt.

Da werden ihm die ersten Fotos vorgelegt, die der päpstliche Hoffotograf Felici kurz nach der Thronbesteigung angefertigt hat. Johannes blättert in der dickleibigen Mappe, nimmt immer wieder eines der Bilder in die Hand, murmelt schließlich: »Der liebe Gott hat doch schon bei meiner Geburt gewußt, daß ich einmal Papst werde. Warum hat er mich da nicht ein bißchen fotogener gemacht?«

Daß er nicht gerade schlank zu nennen war, wußte er

selbst am besten. Eine seiner ersten Amtshandlungen war es deshalb, das Gehalt der Sediari zu erhöhen. Das sind jene zwölf in Scharlachsamt und Scharlachseide gekleideten Männer, auf deren Schultern der tragbare Thron zu ruhen pflegt, mit dem der Papst bei Massenaudienzen durch die Menge getragen wird. Auf die erstaunte Frage eines hohen Kurienbeamten, warum Seine Heiligkeit sich denn mit einer solchen bazzecola, einer solchen Kleinigkeit, abgebe, antwortete Johannes: »Bei meinem Gewicht brauchen die eine Zulage.« Und über seine Sänfte äußerte er einmal: »Die Schaukelei auf dem alten Stuhl kann einen richtig seekrank machen.«

Und noch einen »echten Johannes«: Eine Abordnung der berühmt-berüchtigten »Paras«, einer französischen Fallschirmjäger-Elitetruppe, ist in vollem martialischem Wichs in der Sommerresidenz Castelgandolfo zur Audienz angetreten. Johannes unterhält sich mit jedem einzelnen Mann, erzählt von seiner Rekrutenzeit als Einjährigfreiwilliger beim 73. Infanterieregiment in Bergamo, und wie stolz er auf seine Unteroffizierstressen gewesen sei. Mit seinem Schlußwort aber gießt er Öl auf die langsam sich bildenden Wogen militärischer Begeisterung bei den Paras. Er meint: »Daß ihr perfekt vom Himmel zu fallen versteht, habt ihr ja oft genug bewiesen. Aber wißt ihr auch, wie man hinaufkommt?!« (Ein Wort, das an die erfrischend unmilitärische Bemerkung von Theodor Heuss zu Beginn eines Bundeswehrmanövers erinnert: »Und nun siegt man schön.«)

Der *Osservatore Romano*, eine Zeitung, die als offizielles vatikanisches Organ gilt, hat übrigens nicht ein einziges Scherzwort des Papa Roncalli veröffentlicht. Die betreffenden Bonmots wurden aus den jeweiligen Ansprachen fein säuberlich herausgetrennt. Motto: Das wäre ja noch schöner, wenn jetzt auch ein Papst anfinge, Witze zu reißen. O sancta simplicitas . . .

Worüber lacht der Italiener sonst noch? Über den scherzo da prete lacht er noch. Wörtlich übersetzt heißt das: ein Scherz, den halt nur ein »Schwarzrock«, ein Priester, machen kann. In Natura ist das ein sehr böser Scherz. Bei den Angelsachsen finden wir Ähnliches im practical joke, dem groben, handfesten Schabernack.

Ein scherzo da prete ist, wenn man

. . . dem Kollegen zum Geburtstag einen Sarg ins Haus schickt (»Madonna, was haben wir gelacht!«) oder eine Fuhre Müll vor die Haustür schütten läßt.

. . . dem Gast die in der Flurgarderobe stehenden Überschuhe mit Exkrementen vollstopft und die Luft aus seinen Autoreifen läßt (»Mamma mia, war das ein Spaß.«)

. . . dem Vetter in Rom von Mailand aus telegraphiert, seine Mutter sei gestorben, und ihn dann am Mailänder Bahnhof zusammen mit dem quicklebendigen Mütterchen empfängt. (»Wir wären beinah gestorben vor Lachen.«)

Wer darüber nicht lachen kann, hat halt keinen Humor oder ist ein Ausländer. Neben dem scherzo da prete gibt es gottlob noch so etwas wie eine Selbstironie bei den Italienern. In ihren Lustspielfilmen zum Beispiel machen sie sich mit wahrer Lust über sich selbst lustig. Wer Aldo Fabricio erlebt hat, wie er als »Göttergatte« dem Kommunionkleid seiner Tochter nachjagt, wird wissen, was gemeint ist. Und wer Marcello Mastroianni in *Scheidung auf italienisch* sah, weiß es ebenfalls. Wobei allerdings ein nicht geringer Teil des italienischen Publikums die Selbstpersiflage nicht mitkriegt. Diese Leute können über Leute nicht lachen, die so handeln, so reden, wie sie selbst handeln und reden. Nämlich seriös.

Seriosität ist im allgemeinen der Todfeind jeglichen Humors. Das Heer derer, die sich, von der Titelsucht befallen, mit Titeln behängen wie sowjetische Generale mit Orden, ist riesig in Italien.

»Allein eine Brille genügt, um von jedermann mit ›Herr Doktor‹ angeredet zu werden. Trägt man gar einen Spitzbart und stellt sich heraus, daß man lesen und schreiben kann, so verwandelt sich das dottore sogleich in professore. Da der Portier eines mittleren Hotels schon mit cavaliere angesprochen wird, ist es nicht mehr als recht und billig, daß die etwas älteren Gäste des Hotels mit commendatore, einem Titel für besonders angesehene Persönlichkeiten, angeredet werden. Jeder Dorfpfarrer ist selbstverständlich ein monsignore, und jemand, der hinter einem Schalter sitzt, zumindest ein ragioniere, ein Rechnungsführer. Wer einen Steckkontakt in Ordnung bringen kann, hat Anspruch auf den Titel ingegnere, Ingenieur. Wenden Sie sich an einen Schutzmann, so befördern Sie ihn am besten zu einem maresciallo, was zwar Marschall heißt, aber in etwa unserem ›Herrn Wachtmeister‹ entspricht; einen Leutnant machen Sie zum capitano, einen Major zum colonello, und alles darüber zum generale und zur eccellenza.«[42]

Diese Titelträger verbreiten trotz aller Seriosität Humor, allerdings unfreiwilligen. Das Kapitel »Unfreiwilliger Humor« ist in Italien ein umfangreiches (wie der Stilblütenzüchter Galetti gesagt hätte). Noch heute steht in meiner Sammlung der italienische Sprachführer, der mich auf meiner ersten Italienreise nach dem Kriege begleitet hatte. Sein Verfasser ist ein gewisser Ignazio Silvacuccoli und natürlich professore. Ignazio verspricht in seinem Vorwort, daß er sich, wegen der Knappheit des zur Verfügung stehenden Platzes und überhaupt, auf die wichtigsten, für einen Reisenden unumgänglichen Redewendungen beschränkt habe.

Dazu gehören dann Wendungen wie »Bitte, borgen Sie mir Ihr Reitpferd« (ein Satz, ohne den in Italien niemand auskommen wird) und »Die Sonne steigt empor, um am Abend unterzugehen« (in seiner Logik entwaffnend) und »Samstags gibt es in der Stadthalle einen Wohltätigkeitsball« und »Die Frau des Bürgermeisters kommt heute abend auch« und, unübertroffener Höhepunkt, »Meine Mutter besaß früher eine große Dampfbügelei« (läßt sich überall unauffällig ins Gespräch einflechten).

Wenn ich geglaubt hatte, daß der Professore Silvacuccoli nicht mehr zu übertreffen sei, so wurde ich in Pisa eines Besseren belehrt. In einem Café auf der Piazza dei Cavalieri blätterte ich in dem soeben für zehntausend Lire erworbenen Führer durch Pisa des Mailänder Verlags Industrie Grafiche N. Moneta S.P.A., als ich erstarrte. In der kurzen historischen Übersicht zu Beginn stand folgender Satz: »Pisas Verbindungen, ihre Händel besonders mit den Ostländern, ihre siegreichen Unternehmen im See brachten ihr großartige finanzielle Geldreichtümer an, die danach in das glänzende Gedeihen des Kunstes traten.«

Es war ein glühendheißer Tag, und deshalb las ich die Stelle Wort für Wort noch einmal. Die Hitze war nicht schuld. Denn wenige Seiten später hieß es: »Die Gänge längs des Arno-Flusses werden ›Lungarni‹ genannt. Wie kann man, sich nicht halten und an sie schauen, um in unsere Erinnerung die Lichte, die sie während den verschiedenen Stunden des Tages bekommen, einzudrukken?« Ja, wie kann man nur.

Mit roten Ohren, in den Bann geschlagen wie von einem Hitchcock-Thriller, begann ich, sämtliche hundertzehn Seiten in mich hineinzufressen. Und fürwahr, es lohnte sich.

Selbst profunde Kenner des Deutschen werden überrascht sein, wie wenig sie doch von den vielfältigen Möglichkeiten unserer Muttersprache bisher Gebrauch gemacht haben. Der Übersetzer beschämte sie seitenweise durch seine unvoreingenommene Art, unsere Wörter wörtlich zu nehmen. Er entkleidet sie ihres in Jahrhunderten stattgefundenen Bedeutungswandels und führt sie auf ihre Ursprünge zurück.

Zum Beispiel, wenn er vom Palazzo della Borsa behauptet: »Die elegante, krummlinige Façade ist von einem, vielleicht viel zu hervorragenden Dach bedeckt. Sie wurde wirklich sofort nach Kriegsende wiederhergestellt.« (»Wirklich« heißt hier »in ihrer ursprünglichen Form.«) Oder bei der Beschreibung einer Kirche: »Das Tor ist mit Türpfosten beseitigt und von einer Lünette überwältigt.« (Die beiden Pfosten stehen an der linken und der rechten Seite des Tors – nichts anderes sollte hier bildhaft gemacht werden.)

Kein Kunsthistoriker hat es fertiggebracht, die tatsächlich nicht sehr bedeutende Malkunst Pisas mit so genialischer Kürze abzufertigen: »Was die Malerei anbelangt, ist die Rede ganz kürzer. Sodoma und andere Maler aus Siena ließen ihre Werke in dieser Stadt hinter.«

Zu hoher Form läuft unser Mann auf, wenn er sich dem berühmten Schiefen Turm zuwendet. Selbstverständlich benutzt er diesen schwächlichen Ausdruck nicht, sondern sagt »Neigturm«. Also: »Der Neigturm genießt große Popularität. Das mag dadurch erklärt werden, daß diese Konstruktion mit sonderbarer und ungewöhnlichen Statik, besonders bei den weniger gebildeten Klassen, wegen des sofortigen Eindrucks als Wunder betrachtet wird. Trotz all den entgegenstehenden Beweisen will man glauben lassen, daß die Neigung nicht dem Fall, sondern der originalen Begeisterung eines Künstlers schuldig ist . . . Die übrigen Werke wurden ins Innere der Raufkapelle gestellt. Überall springt die Statue des Täufers, wem das Monument gewidmet ist, hinauf. Dieser so großen Trauer von Kunst folgte jedoch ein Wiederaufnahmewille. Die dazu berechtigte Behörde arrangierte zunächst die Wiederdeckung der Bogengänge nebst Schützen der Freskogemälde durch Einstellung von noch unter Probe stehenden Glasscheiben. Nördlicher Bogengang: Von Ewigem Vater unterstützter Weltall. Da liegen neuklassische Grübendenkmale (Thorwaldsen usw.) neben anderen Sarkophagen gemischt. Von Piazza dei Miracoli abfahrend, tritt man in Via Torelli hinein; hier merkt man schon jene empfindliche Neigung des Turmes vor.«

In der Schlußpassage wird aus dem italienischen Übersetzer ein deutscher Dichter. Nachdem er uns aufgefordert hat, bei einem Gemälde »das grobe Wams des bußfertigen Mönches feststellen zu lassen« und »Von dem Ende abfahrend nach der linken Seite der Eingangstreppe zu treten«, schreibt er in einer Mischung aus Jubel und Demut: »Ein stürmischer Anblick bei dämmerndem Licht, und man verläßt das verfängliche Plätzchen.«

Der Reiseführer zum Neigturm von Pisa ist zu einer bibliophilen Rarität geworden, und Kenner wiegen ihn bereits mit Gold auf. Der bekannte Shakespeare-Übersetzer Hans Rothe bekannte freimütig: »Wenn mich jemand fragte, welches Buch mir in den letzten Jahren am meisten Anregung, Belehrung, Stärkung der Gesundheit, geistige Befreiung verschafft hat, so würde ich diesen kleinen Führer nennen.«

Deutschlands Touristen dachten da etwas anders. Sie waren empört, schockiert, entrüstet über das, was ein »Makkaroni« mit einem der heiligsten deutschen Güter, der Sprache, sich anzustellen erfrechte. Sie waren nicht erheitert, sondern beleidigt, und schrieben Briefe voll tiefen Abscheus und wilden Protestes an den Mailänder Verleger. Vielleicht besaßen sie tatsächlich bessere Deutschkenntnisse, aber eines besaßen sie bestimmt nicht: Humor.

Eine kleine Spätlese italienischer Witze zum Abschluß: Wobei der obligatorische Geistliche nicht zu umgehen sein wird.

Der Pfarrer von Poggibonsi führt, bevor er sich in den Ruhestand zurückzieht, den Nachfolger ein. Der junge Mann, von dem bekannt ist, daß er außer Meßwein noch andere geistige Getränke zu sich nimmt, betritt schwankenden Schrittes die Kanzel und hält eine Probepredigt. »Wie war ich?« fragte er anschließend erwartungsvoll.

»Nicht so übel«, meint der alte Pfarrer milde lächelnd,

»wenn man von drei kleinen Schnitzern absieht. Christus wurde nicht ertränkt, sondern ans Kreuz geschlagen. Außerdem ist er über den See Genezareth gewandelt und nicht über den Kalterer See. Na ja, und am Ende einer Predigt macht sich natürlich ›Amen‹ viel besser als ›Prost‹.«

Hier ein Beispiel aus unserer Sammlung der »kürzesten Witze«.

Ängstliche Frage eines Kapuziners nach einer Prostataoperation: »Hoffentlich bin ich jetzt nicht impotent?«

Josef betritt den Stall zu Bethlehem, stolpert über die Türschwelle und flucht: »Jessas noch einmal!«

Maria, mit schwacher Stimme von der Krippe her: »Wär' eigentlich ein hübscher Name für unseren Kleinen.«

»Wir jedenfalls«, meint resigniert Don Antonio, »werden die Aufhebung des Zölibats nicht mehr erleben.«
»Aber vielleicht unsere Kinder«, tröstet ihn ein Amtsbruder.

»Ergebensten Dank«, wehrt der Bischof die Einladung des Kardinals zum Frühstück ab, »erstens kann ich gefüllte Tauben auf Safranreis nicht mehr sehen, zweitens habe ich schon gefrühstückt, und drittens ist heute Fasttag.«

Und den letzten. Er stammt aus der Zeit des Faschismus und kursierte auch, auf die Nazis umgemünzt, in Deutschland. Dazu aber war er viel zu italienisch.

Der faschistische Parteisekretär besichtigt eine Fabrik. Anschließend will er in der Maschinenhalle eine Rede halten. »Wie ist das eigentlich mit der politischen Zugehörigkeit Ihrer Belegschaftsangehörigen?« fragt er rasch noch den Fabrikdirektor. »Ich schätze«, meint der Direktor, »daß etwa ein Drittel Kommunisten sind, ein gutes Drittel Sozialisten, na und der Rest verteilt sich auf eine Reihe kleinerer Parteien.« Der Parteisekretär mit gefährlich leiser Stimme: »Ach nein. Und wie viele von ihnen sind Faschisten?« – »Faschisten sind wir natürlich alle, commendatore.«

Und den allerletzten.

Rom, Flugplatz Fiumicino. Der Start der Boeing 737 der Alitalia hat sich verzögert. Grund: plötzliche, heftige Magenkrämpfe des Flugkapitäns. Nach langem Hin und Her treibt man einen Ersatzmann auf. Der neue steigt ins Cockpit, begrüßt den Kopiloten und fängt an, die Armaturen zu studieren. Er beugt sich dabei so weit nach vorn, daß er die Instrumente beinahe mit der Nase berührt.

»Ist was, Käptn?« fragt der Kopilot mit einem halben Lachen.

»Nichts Besonderes. Ich bin nur so irre kurzsichtig.«

»Und eine Brille, so was tragen Sie nicht?« Dem Kopiloten sinkt vor maßloser Verblüffung langsam die Kinnlade auf die Brust.

»Da hat man ja überhaupt keine Chancen mehr bei den Weibern, mit so'nem Ding.«

»Ja, aber wenn wir jetzt starten, wie um Himmels willen . . .« Dem Kopiloten verschlägt es die Sprache.

»Ach wissen Sie, ich hebe immer dann ab, wenn mein Kopilot beide Hände vors Gesicht schlägt und anfängt ›Mamma mia, madonna!‹ zu stammeln . . .«

DIE DEUTSCHEN
oder
Manchmal lacht auch Germanien

Der deutsche Humor beginnt mit einem U-Boot. Es pflügt die Wellen des Atlantik im Zweiten Weltkrieg und bekommt einen Funkspruch. Der Funkspruch lautet: »An Kommandant. Mini-U-Boot mit Schnorchel vom Stapel gelaufen.«

Der Spruch ist, wider jede militärische Vernunft, unverschlüsselt aufgegeben worden. Der Feind hat ihn selbstverständlich aufgefangen. In der britischen Admiralität liegt er nun einigen Herren vor, die ihn zum x-ten Male sorgfältig studieren. Sie können sich keinen Vers darauf machen. Dieser Klartext ist, so vermuten einige, selbstverständlich keiner, sondern ein ganz raffinierter neuer Schlüssel, mit dessen Hilfe dem U-Boot-Kommandanten etwas besonders Wichtiges übermittelt wurde. Dieser Klartext ist, so vermuten andere, ein Köder, auf den wir anbeißen sollen. Doch warum?

Warum? Warum? Tabakqualm wölkt, Stirne runzeln, Augen starren an Zimmerdecken, aber dort steht es auch nicht. Schließlich meldet sich ein junger Abwehrmann und sagt: »Ich glaube, man wollte dem Kommandanten nichts anderes mitteilen, als daß er Vater eines Jungen geworden ist. Mini-U-Boot mit Schnorchel, furchtbar einfach, meine Herren.«

Betroffenes Schweigen. Der dienstälteste Offizier

kaut auf seiner Shagpfeife herum, sagt schließlich: »Ich würde Ihnen recht geben, Trawler, wenn . . .«

Dieses Wenn bringt uns zu unserem Thema zurück. Es sagt Entscheidendes aus über den Humor der Deutschen, oder besser, wie der deutsche Humor von den Leuten außerhalb Deutschlands gesehen wird.

Der Dienstälteste sagte nämlich: »Ich würde Ihnen recht geben, lieber Trawler, wenn die Deutschen Humor hätten. Aber den haben sie ja bekanntlich *nicht*!«

Diese Geschichte ist keine Anekdote. Sie hat sich in etwa so abgespielt. Sie bestätigt im Grunde, wie unziemlich zäh Vorurteile sein können. Wer einmal verschrien ist als Zeitgenosse, der sich vornehmlich von Sauerkohl, Knödeln und Bier ernährt, in seiner Freizeit am liebsten schunkelt, im Dienst dagegen gern »Zack-Zack!« schreit, der vollbusige Brünhilden liebt, die Kinder mit dem Stock erzieht und überhaupt keinen Humor hat, ein solcher Mensch kann sich wandeln, wie er will, es hilft ihm nichts: Sein Bild bleibt bestehen.

So sahen sie uns, und so sehen sie uns immer noch. Das hat unlängst eine weltweite Umfrage wieder einmal bestätigt. Die Zeichnung des Deutschenbildes fällt bei den verschiedenen Völkern etwas verschieden aus, in einem aber stimmen sie alle überein, nämlich darin, daß wir total humorlos seien.

George Mikes, Weltreisender in Sachen Humor, konstatiert: »Und natürlich lachen sie auch [die Deutschen]. Doch es stellt sich nicht so sehr die Frage ›worüber‹ als ›wann‹. Das hängt in einigem Umfang vom Kalender ab. Jeder Deutsche weiß, daß die Zeit des Oktoberfestes und des Faschings der Fröhlichkeit gehört. Die Deutschen wissen im voraus, daß sie, sagen wir einmal am

3. Oktober, überschäumend lustig sein werden. Sie gehen zum Oktoberfest und unterhalten sich glänzend, weil sie das, Monate früher, in ihrem Notizbuch vermerkt haben. Und dann geben sie sich schrankenlos der Fröhlichkeit hin. Sie jubeln und schreien, sie sitzen nebeneinander und singen, wiegen sich im Rhythmus ihrer Lieder, trinken Bier fässerweise und braten ganze Ochsen! Der Spaß ist, daß einer dick und häßlich ist und mit einfältigem Lächeln komische Tänze tanzt. Der Spaß ist, daß er auf den Hintern fällt. Der Spaß ist, daß auch die Musikanten schrecklich dick sind, daß sie kleine runde Hüte auf den großen runden Köpfen tragen und so laut spielen, daß man sein eigenes Wort nicht hören kann. Fremde Menschen tanzen miteinander, fremde Menschen küssen einander, fremde Menschen klatschen einander auf einen bestimmten Körperteil, wo sie in der Regel reichlich Platz zum Klatschen finden.

Während des Karnevalsumzugs in Köln müssen die Auslagen mit Brettern verschalt werden, sonst würde man sie einschlagen. Nicht aus Bosheit, nicht aus Schlechtigkeit, beileibe nicht! Nur zum Spaß!«[43]

Mikes gesteht uns großmütig zu, daß es natürlich auch in Deutschland wirklich witzige, amüsante Menschen gebe, aber sie seien die Ausnahme, die anderen dagegen die Regel. Sagt er. Und was sollen wir schon dagegen sagen? Höchstens, daß über jemand, der dick und häßlich ist und auf den Hintern fällt, überall in der Welt gelacht wird. Weil Schadenfreude denn des Humores Seele ist. Oder zumindest ein Teil seiner Seele.

Mikes ist Wahlengländer aus Budapest. Man könnte über seine Feststellung mit den Worten hinweggehen, daß er eben genauso voreingenommen ist wie all die anderen Ausländer in punkto deutschen Humors. Erich Kästner aber ist Inländer, Sachse dazu, und sollte es besser wissen.

»Sind wir so unbefangen heiter wie die Südländer?« fragt er. »Besitzen wir den Esprit der Franzosen? Oder die Selbstironie und das Understatement der Angelsachsen? Haben unsere Staatsmänner Witz? Wird in unseren Parlamenten, außer wenn sich ein Redner verspricht, gelacht? Sind unsere Professoren geistreich? Sind unsere Schlager lustig? Nein. Es ist, von sehr raren Ausnahmen abgesehen, zum Stiefelausziehen. Am heitersten geht es noch am Fuß der deutschen Pyramide zu, beim Fußvolk. Völlig humorlos wird es erst in den höheren Regionen.«

Wie denkt eigentlich dieses »Fußvolk« selbst über sein Lachen? Diese Frage konnte bisher niemand beantworten. Inzwischen aber können wir es. Die Institute für Meinungsbefragung machten es möglich. Danach halten sich siebenundfünfzig Prozent aller Bundesrepublikaner für ausgesprochene Frohnaturen. Siebzehn Prozent wußten es nicht so genau. Der Rest hielt sich »eher für ernst«.

Selbst Frohnaturen aber kratzten sich ratlos am Hinterkopf, als man sie um die Erzählung ihres Lieblingswitzes bat. Die meisten hatten keinen auf Lager.

»Gottlob!« kann man da nur seufzen. Die Witze, die man sich an deutschen Stammtischen erzählt, in den Kantinen, den Büros, an der Werkbank, an Theke und Bar sind überwiegend Pornowitze. Früher sagte man Zote dazu. Der Unterschied ist der, daß die Zote erstens geistreicher war als der Pornowitz, und zweitens, daß es

einem gesellschaftlichen Selbstmord gleichkam, sie in Damengesellschaft zu erzählen.

Heute bringt man den Pornowitz bewußt in Damengesellschaft. Er ist ja, das hat schon Freud festgestellt, im Grunde nichts anderes als eine verkappte sexuelle Aggression. Das spüren auch die Damen. Sie gehen nicht, wenn der Erzähler sie schamhaft-heuchlerisch darum bittet, sie bleiben. Und sie erröten nicht. Sie sagen allenfalls: »Klaus-Dieter, ich bitte dich, den kannst du nun wirklich hier nicht . . .«

Klaus-Dieter tut ihnen nicht den Gefallen, sondern erzählt ihn. Er erzählt ihn schlecht. Und er erzählt ihn mit tödlicher Ausführlichkeit. Die Gesichter rundum sind zu einem höflich-erwartungsvollen Lächeln gefroren. Kommt denn nun endlich, endlich die Pointe? Sie kommt noch lange nicht.

». . . na kurz und gut, er geht also zu einem anderen Apotheker und sagt: ›Also heute kommen zwei scharfe Puppen zu mir, Nymphomaninnen alle beide, ich trau' mir ja allerhand zu, unter dreimal kommt selbst meine Frau bei mir nicht weg (Zurufe aus der Tischrunde: ›Angeber!‹, ›Schön wär's!‹), aber zwei von dieser Sorte, na ich weiß nicht, mit anderen Worten, ich brauche ein Aufputschmittel.‹ Sagt der Apotheker: ›Ich hab' zwar was da, aber das gibt es nur auf Rezept.‹ Geht er also zum dritten Apotheker (Anmerkung: Die beiden ersten Apotheker waren für die Erzählung absolut überflüssig) und sagt (siehe oben). Der hat schließlich ein Einsehen, steigt in den Keller, kommt mit einem Fläschchen wieder rauf, meint: ›Nehmen Sie davon sechzehn Tropfen, sofort, und noch einmal fünfundzwanzig Tropfen kurz vorher.‹ Am nächsten Morgen wankt der Supermann in

die Apotheke, total geschafft lallt er: ›Bitte, eine Wund-
salbe.‹ – ›Für Ihren Pimmel, was?‹ fragt der Apotheker,
strahlend ob seines Wundermittels. ›Nein, für meine
rechte Hand. Die beiden sind nicht gekommen.‹«

Brüllendes Gelächter in der Runde. Die Frau von
Klaus-Dieter stupst ihren Gatten in die Seite und sagt
neckisch: »Schäm dich.« Klaus-Dieter selbst sagt, nachdem er sich einigermaßen erholt hat, denn er hat am
meisten gelacht: »Nein, für meine rechte Hand. Die
beiden sind nicht gekommen.« Selbstredend muß eine
Pointe wiederholt werden.

Mit diesem Witz ist der Bann gebrochen. Der Abend
wird zu einem Witzabend. Reihum wird jetzt erzählt.
Selbst der sonst überaus zurückhaltende Dr. Schultze
meldet sich und sagt: »Ich hätte da auch einen. Mal
sehen, ob ich ihn zusammenkriege. Also, eine Frau
kommt zum Arzt und . . .« Dann ist wieder Klaus-Dieter
dran. Der hat eine gutsortierte Witzkiste. Wenn sie
einmal geöffnet ist, gibt es kein Erbarmen.

Auf deutschen Parties werden entweder gar keine
Witze erzählt oder nur Witze. Der Assoziationswitz
jüdischer Prägung, der auf eine bestimmte Situation
angewandt werden kann, ist so gut wie unbekannt. Er
setzt die Kenntnis von Witzen voraus, deren Pointe sich
zitieren läßt. Mit dieser Kenntnis aber hapert es.

Wir nehmen alles zu leicht, was mit dem Leichten
zusammenhängt. So, wie es keine Konversation mehr
gibt, keine wirklich geistreiche Unterhaltung, so gibt es
immer weniger Leute, die eine lustige Geschichte wirklich gut erzählen können. Die Pointentöter sind dabei
gar nicht mal die schlimmsten.

Marek Kasmierczy aus Warschau reist durch Deutschland. In Frankfurt geht er auf die Post und fragt: »Briefe da für Kasmierczy, Marek?« – »Poste restante?« fragt der Schalterbeamte zurück. Antwortet Marek: »Nein, katholisch.« Eine nicht sonderlich komische Geschichte, die aber an Komik gewinnt, wenn sie dem Pointentöter unter die Finger gerät. Er läßt den Schalterbeamten nämlich fragen: »Postlagernd?« Die Antwort »Nein, katholisch!« ist dann so blödsinnig, daß man bereits wieder lachen muß.

Wilhelm von Scholz bringt ein herrliches Beispiel, wie Witzeerzähler wirklich sein sollten. »Die romantischen Dichterbrüder Wilhelm und Friedrich Schlegel hörten in einer Gesellschaft eine ausgezeichnete Anekdote, lachten aus voller Seele und waren gleichzeitig beide von der Leidenschaft ergriffen, sie in ihr geselliges Unterhaltungsprogramm aufzunehmen. Da beide damals meist zusammen ausgingen, mußte das Besitzrecht an der Sache geklärt werden.

›Friedrich, laß mir die Geschichte!‹
›Nein, Wilhelm, du verdirbst sie!‹

Der Älteste ist aber nicht abzuweisen. ›Du hast doch schon lange meine silberne Tabaksdose haben wollen‹, sagte er zu dem Jüngeren, ›hier hast du sie, wenn du mir die Geschichte läßt!‹

Dem Angebot der silbernen Dose widerstand Friedrich nicht. Als Wilhelm das erstemal die Anekdote in einer Gesellschaft erzählte und, wie Friedrich vorausgeahnt hatte, anfing, sie zu verdrehen, da langte Friedrich in die Tasche, holte die schöne silberne Dose heraus: ›Da, Wilhelm, hast du deine Dose wieder! Ich kann dir die Geschichte nicht lassen. Ich werde sie jetzt richtig erzählen!‹«[44]

Im Berlin der Jahrhundertwende wurde ein gut serviertes Bonmot noch mit Gold aufgewogen. Das witzige Wort, der humorige Einfall standen hoch im Kurs. Mit einem Witzwort konnte man sein Glück machen. Oder auch unsterblich blamiert werden. Als man den Bankier Carl Fürstenberg einmal darauf aufmerksam machte, wie sehr er sich schon durch seine scharfe Zunge geschadet habe, antwortete er: »Ach wat, lieber 'n juten Freund verlieren als 'n jutes Bonmot.«

Eine Unterabteilung des Pornowitzes sind die Analwitze, also jene Geschichten, die sich um den After herumgruppieren. Analwitze sind überall in der Welt beliebt, in Deutschland aber sind sie am beliebtesten. Jedenfalls behauptet das der Professor Gershon Legman. Legman ist ein Amerikaner, der über zweitausend unanständige Witze gesammelt hat und immer noch weitersammelt. Er hat sie nach Themengruppen geordnet. Penis – Masturbation – Inzest – glückbringende Furze – Liebesleben der Tiere – Brüste – Notzucht – Neid auf das männliche Urinieren – Ausmaße der Vagina – das Kondom – Beischlafstellungen – Fellatio in der Hochzeitsnacht – Impotenz des Ehemannes – die Menstruation – lauten einige dieser Gruppen.

Professor Legman meint, daß der Lieblingswitz eines Menschen der Schlüssel zum Charakter dieses Menschen sei. Folgerichtig sind deshalb die Lieblingswitze eines Volkes charakteristisch für dieses Volk. »Die Deutschen ... zum Beispiel sind für das Skatologische im Humor«, behauptet er, »weit empfänglicher als für jedes andere Thema.«

Doch was, bitte schön, ist »das Skatologische«? Auf keinen Fall hat es etwas mit dem Skatspielen zu tun, wie man auf den ersten Blick vermuten möchte. »Skatol« ist laut Brockhaus ein Methylindol (C_9H_9N) und damit ein regelmäßiger Bestandteil des Kots. Skatologische Witze sind deshalb Analwitzen in etwa gleichzuordnen.

»Ein geschickter Witzeerzähler«, so Gershon Legman, »kann das übliche deutsche Publikum schon dadurch, daß er einen Witz, dessen unvermeidliche Pointe das Wort ›Scheiße‹ vorbereitet, ohne auch nur mit der Erzählung zu beginnen, in eine Klimax des Vergnügens versetzen ... Ich selber habe einmal ... einen solchen dem Witzeerzählen gewidmeten Abend miterlebt, in dessen Verlauf ein deutscher Fürst von ausgesuchtesten Manieren und perfekter Höflichkeit nur eine sehr zurückhaltende und kultivierte Belustigung an den Tag legte: Seine wirkliche Würdigung aber drückte er später dadurch aus, daß er mir aus italienischen Kurorten eine ganze Reihe skatologischer Ansichtskarten zusandte, alle der komischen Situation von Personen gewidmet, die, von einem dringenden Bedürfnis überrascht, vor dem besetzten Abort stehen und sich glorios bekacken.«[45]

Der Professor kennt auch den Grund, warum die Deutschen sich über solche Geschichten vor Vergnügen, nun ja, in die Hosen machen können. »Das ist zweifellos eine Reaktion auf übermäßig strenges oder frühes ›Toilettentraining‹, auf die allgemeine Härte und das Zwanghafte in der teutonischen Erziehung und im teutonischen Charakter und eine unverhohlene Befreiung von dem Reinlichkeitskomplex, der sich im späteren Leben entwickelt.«

Daß besagter deutscher Fürst irgendwie pervers gewesen ist, muß nicht angenommen werden. Denn das Vergnügen an Skatologischem ist allerorten groß. Über Zuckmayers *Hauptmann von Köpenick* wird viel gelacht. Nirgendwo aber tönen Gelächter und Beifall in deutschen Theatern donnernder als bei jener Szene mit den beiden Bahnbeamten, von denen der eine revolutionäre Pläne für das Berliner Eisenbahnkopfnetz entwikkelt und der andere ganz dringend mal muß, besetzten Abortes wegen aber nicht kann. Die Szene wird zum Tribunal, als Beamter Numero zwo, von seines Dranges Urgewalt getrieben, an der WC-Tür rüttelt und in einer Mischung aus Empörung und tiefer Not aufschreit: »Herrgott, wer scheißt denn hier so lange!!«

Innerhalb der deutschen Stammeslandschaften erfreut dieses Genre am meisten die Kölner. Unter der Firmierung »Dat ess doch menschlich« feiert hier das Unverblümte seine Triumphe. Über Scherze, aus denen Flatulenz erklingt (was die vornehme Umschreibung für Blähungen ist), können unsere Leute vom Rhein Lachtränen vergießen. Ureingesessene berichten glaubhaft, daß es in früheren Zeiten regelrechte »Foozvereine« (Furzvereine) gegeben habe. »An de Vereinsobende wor jedes Mitglied verflich, winnigstens einen vum Stapel zu looße, dä dann nach musikalische und sonstige Qualität beurdeilt un en et Protekollboch engedrage woot.«

Die Vorliebe der Kölner für dieses Menschlich-Allzumenschliche soll von den Niederländern stammen, haben Experten festgestellt, denn dort ist die Freude am Derben daheim, wie Charles de Coster, Pieter Brueghel, Adriaen von Ostade und Felix Timmermanns beweisen. Jedenfalls sind Tünnes und Schäl, das berühmteste deutsche Humorgespann, auf diesem Gebiet wahre Virtuosen. Ein Beispiel:

Tünnes und Schäl kommen vom Stammtisch. Sie haben Unmengen von Kölsch getrunken, ein obergäriges Bier, das für seine enorme Treibkraft bekannt ist. Kein Wunder, daß sie auf dem Heimweg einmal pausieren müssen. Obwohl es in Strömen regnet. Tünnes kommt an einer Regenrinne zu stehen und verrichtet mit dem stillen Genuß des Zechers sein Bedürfnis.

Schäl wandert noch ein wenig weiter und ruft schließlich ungeduldig: »Tünnes, bes do noch nit bald fähdig?«

Tünnes, mittelschwer alkoholisiert, hält das Plätschern der Dachrinne für sein eigenes akustisches Produkt und antwortet beunruhigt: »Ich weiß nit, wat dat ess, dat hört gar nit mehr op.«

Schäl, der etwas früher fertig geworden ist, geht. Dann ruft er ärgerlich: »Nu mach aber, du Jeck!«

Da schreit Tünnes vollkommen verzweifelt: »Ich kann nit. Jröß minge Frau un dä Kinder, ich piß mich dot.«

Womit wir endgültig bei den deutschen Stämmen wären. Bei jenem Volk am Fuße der deutschen Pyramide, bei dem es, laut Kästner, noch am heitersten zugehen soll.

Tünnes und Schäl kommen uns im Gewand des Dialekts. Auch über den »Foozverein« wird im Dialekt berichtet (wie anders ließe sich die Geschichte auch ertragen?). Der Dialekt macht in Deutschland tatsächlich die Musik, will sagen, den Witz. Weil wir nie einen spezifisch nationalen Humor hatten, wie zum Beispiel die Engländer, sondern immer nur einen Humor der Stämme. Unsere wirklich guten Witze tragen landschaftlichen Charakter. Sie stammen aus Bayern und Berlin, aus Hamburg und vom Rhein, aus Schwaben und aus Sachsen und so fort.

Das ist auch der Grund, weshalb das Ausland uns für so humorlos hält. Die Franzosen, Italiener, Engländer, Spanier, Schweden sehen den Deutschen nur in seiner Eigenschaft als Deutscher. Das aber ist er nicht allein, er ist außerdem noch – und oft in erster Linie! – Bayer und Berliner, Hamburger und Rheinländer, Schwabe und Sachse. Und deshalb lacht er auch auf bayerisch und berlinisch, auf hamburgisch und rheinländisch, auf schwäbisch und sächsisch.

Dort kann Deutschland tatsächlich lachen! In seinen Stämmen liegt unseres Volkes wahrer Himmel. Hier sind Vielfalt, Urkraft, Unverdorbenheit und ein echtes Vergnügen am Wort zu Haus. »Jede Provinz liebt ihren Dialekt«, schreibt Goethe, »denn er ist doch eigentlich das Element, in welchem die Seele Atem holt.«

Und was Zuckmayer in seiner Hauptmann-Rede über die deutsche Dichtung sagt, gilt haarklein für den deutschen Humor: »Mundart und Volkssprache werden immer wieder der stärkste Springquell und die mächtigste Treibwurzel der Dichtung sein, und wenn sie versiegen, wird das Dichterwort seine Lebenskraft, auch seine Zaubermacht verlieren. Im Gegensatz zur zerebralen Bildungssprache ist Mundart völlig elementar, immer gegenständlich und ebenso immer im bildnerischen Sinne produktiv, weil sie aus der unmittelbaren Anschauung keimt, sproßt und wuchert.«

Über den Charakter eines deutschen Volksstammes kann ein Witz Entscheidendes aussagen. Ein treffender Witz ersetzt drei tiefschürfende Essays. Treffend aber

heißt, daß er nicht nur im Dialekt gekleidet einher-
kommt, sondern daß er auch typisch ist. Ein Beispiel:

Ein Bauer holt sich von der Apotheke zwölf Blutegel
ab, die ihm der Arzt gegen seinen Gelenkrheumatismus
verschrieben hat. Am nächsten Tag kommt der Bauer
wieder und bittet um weitere zwölf Blutegel. »Sie können doch unmöglich schon alle zwölf Blutegel verbraucht
haben«, wundert sich der Apotheker. »Leicht war's ja
auch nicht«, sagt der Bauer, »Stücker zehn hab' ich so
runtergewürgt, aber die andern mußte mir meine Frau
in Schmalz braten.«

Dieses Geschichtchen existiert in verschiedenen deutschen Dialekten. Sagt es irgend etwas über einen Stamm
aus und seinen spezifischen Charakter? Nein! Allenfalls
charakterisiert es den Bauern. Ähnlich verhält es sich
bei der Bemerkung des Ehemannes zu seiner Frau:
»Wenn einer von uns stirbt, ziehe ich nach Italien.«

Es gibt aber, gottlob, Tausende von stammestypi-
schen Witzen. Sie sind nur denkbar in einer ganz bestimmten Atmosphäre, einem speziellen geistigen Klima,
einer gewissen Mentalität.

Da ist der urhamburgische Witz von der Pietät. Wie
Onkel Emil nun auch totgeblieben ist, und Tante Frieda
die Urne vom Krematorium nach Ohlsdorf rausbringt,
und so'n ganz fürchterliches Glatteis ist, und Tante Frieda
nach's drittemal Ausrutschen die Urne aufmacht und
ganz fünsch zu Klein-Erna sagt: »Nu is aber Schluß mit
die Pietät, nu wird gestreut!«

Hier ist alles, was Hamburg ausmacht: dieses Kuaz-
ab-und-doch, die fischige Kühle und Unsentimentalität,
das enoooohm Praktische, die Vorliebe für Stelzworte
(Pietät). Jemand hat das Sakrileg begangen und die ganze

Sache in ein bayerisches Witzbüchlein aufgenommen. Aus Tante Frieda wurde ein Herr Gossenhuber mit der Asche seiner verstorbenen Liesl in der Urne. Der sagt nach dem dritten Ausrutscher: »Jetzt is gnua mit der Pietät. Glei streu' i.«

Und nun stimmt gar nichts mehr!

Ebensowenig ließe sich der Ausruf des Berliner Reserveoffiziers übersetzen, der morgens aus dem Biwakzelt kriecht, verpennt zum Himmel glotzt und sagt: »Da is ja ooch der Morjenstern, det Schwein.«

Der berlinische Humor war schon oft unsere letzte (Ehren)Rettung. Ausländer, die so gar nichts Komisches an uns Deutschen finden können, strahlen sofort, wenn das Gespräch auf Berlin und seine Berliner kommt. Einer für viele: »Berlin ist eine Ausnahme. Die Berliner sind die einzigen mir bekannten Deutschen, die Sinn für Humor haben, wie wir diesen Begriff verstehen . . . Die Berliner sind in vielen Beziehungen anders als die anderen Deutschen.«[46]

Nun, fest steht, daß der Berliner Humor weitbekannt ist und vielgerühmt. Der Fremde, der mit dem Zug in Berlin auf dem Bahnhof einlief oder auf einem Berliner Flugplatz landete, bekam meist sofort eine Kostprobe gereicht. Und zwar durch den Taxichauffeur. Berliner Taxichauffeurwitze wurden von Kennern mit Gold aufgewogen.

Ein Berliner Kaufmann, der 1933 seine Heimatstadt verlassen mußte, kehrte nach einem Vierteljahrhundert in der Fremde zum erstenmal wieder an der Spree ein. Er kletterte in Tempelhof aus dem Flugzeug und ins nächste Taxi. Das Taxi fuhr durch die Straßen. Ergriffen guckte der Kaufmann aus dem Fenster. Berlin, wie haste dir verändert! Als das Taxi wieder einmal bei Rot halten mußte, sagte der Kaufmann mit belegter Stimme zum Taxichauffeur: »Seit 33 war ick nich hier.« Und der Taxichauffeur antwortete über die Schulter hinweg: »Ville ham Se nich versäumt.«

Hier zeigt sich ein Humor, der eminent berlinisch war. Treffschärfe, Schnelligkeit der Reaktion und Aktualität waren seine Kennzeichen. Das sollte dem Manne einmal einer nachmachen: eine ganze Epoche mit einem einzigen Satz zu kennzeichnen! Machtergreifung, Kriegsausbruch, Stalingrad, Bombennächte, Russeneinmarsch, Hunger, Kälte, Blockade und die Mauer, all das lag in diesem klassischen Stoßseufzer.

Jeder spürt: Diese Geschichte konnte nur in Berlin passiert sein. Und nicht in Hamburg oder München, in Köln oder Stuttgart. Sie ließe sich auch nicht auf hamburgisch, bayerisch, kölsch oder schwäbisch erzählen.

Berliner Humor war ein Eigenprodukt, das sich sogar als Exportware eignete. Ausnahmsweise! Hamburger Witze zum Beispiel können in Schwaben auf tiefes Unverständnis stoßen. Und ein Kölner wird gequält lächeln, wenn man ihm einen Witz erzählt, bei dem sich Ostpreußen brüllend auf die Schenkel klatschen. Süd und Nord, Ost und West jedoch lachten einmütig, wenn der neueste Witz von der Spree die Runde machte. Früher durfte sich kein Berlin-Reisender wieder in seiner Heimatstadt sehen lassen, wenn er nicht eine Kollektion Witze mitbrachte. Das galt besonders für Vertreter, die die Provinz bereisten: Nur lachende Kunden pflegten zu bestellen. Und wer als Soldat im Krieg einen Berliner in der Kompanie hatte, weiß, wie erfrischend das sein konnte.

Ein Berliner Obergefreiter, der nach der Operation auf dem Hauptverbandsplatz erfuhr, sein eigener Hauptmann habe für ihn Blut gespendet, murmelte: »Na, denn wer'k ja bald befördert werden.«

Durch ganz Deutschland machte vor einigen Jahren das Wort eines Berliner Verkehrsschupos die Runde. »Nu jehm se man Jas, Frollein«, sagte der zu einer Dame am Steuer, als die Verkehrsampel die Fahrt längst freigegeben hatte, »jriener wird's nicht.«

Tourist kauft Bockwurst beim Wurschtmaxen, beißt rein, sagt »Aua« und spuckt eine Schraube in die Hand. Wortlos präsentiert er die Schraube.

Meint der Wurschtmaxe, während er mit seiner hölzernen Zange im Kessel herumfuhrwerkt:

»Da könn' Se wieda ma' sehn, wie die Maschine überall det Pferd vadrängt.«

In den ersten Jahren nach dem Mauerbau schien es tatsächlich so, als wäre Berlins Witz versiegt. Das Wort, das der Maler Max Liebermann gesprochen hatte, als die SA 1933 durchs Brandenburger Tor marschierte, wurde, leider, wieder aktuell: »Ick kann jar nich' so ville fressen, wie ick kotzen möchte.« Hatte die Mauer die Berliner geschafft? fragte man sich besorgt drinnen und draußen. Und wurde bald eines Besseren belehrt.

Die Berliner nämlich schafften die Mauer, indem sie etwas ganz und gar Ungewöhnliches, etwas sehr Berlinerisches eben, taten: Sie begannen sie zu bemalen und animierten ihre Gäste aus aller Herren Länder, ein Gleiches zu tun. Gemeinsam schufen sie das größte, oder sagen wir längste Gemälde der Weltgeschichte: viereinhalb Meter hoch und hundertsechsundsechzig Kilometer lang. Immer an der Wand lang wanderten von nun an die Touristen: vorbei an Reichstag, Brandenburger Tor, Potsdamer Platz, Stresemann-/Hubertusstraße, Friedrichstraße, Leuschnerdamm, Bethaniendamm, Mariannenplatz und so weiter.

Einiges von dem, was dort gemalt wurde, ist von Kunstexperten zur »ausdrucksstarken Öffentlichkeitskunst, der ein Jahrhundertplatz gebühre«, ernannt worden. Was dort geschrieben wurde, reichte für ein Kabarettprogramm.

Wer »Berlin« sagt, muß auch »Bayern« sagen. Das sind zwei Antipoden und doch keine Gegner, mit dem »Saupreißen« ist nämlich selten der Berliner gemeint. Die Isar-Athener verstehen sich mit den Spree-Athenern recht gut. Über die Mienen bayerischer Quartierwirtinnen huscht nicht selten ein Lächeln, wenn sie von ihren Berliner Feriengästen reden. Eine Umfrage ergab eindeutig die Beliebtheit von »IA in Oberbayern«. Aber dieser Bestätigung hätte es gar nicht bedurft. Wir brauchen uns bloß anzuhören, was der emigrierte Mann aus Neukölln einem Münchner zuruft, als der im Hofbräuhaus wieder einmal im schönsten Granteln (Meckern) über die bayerischen Zustände ist. »Haun Se doch ab«, sagt er, »wenn's Ihnen hier bei uns in München nich' jefällt.«

Bayerische Witzsammlungen tragen nicht umsonst Überschriften wie »So san mir« und »Ja so sans«. Man lacht also erst mal ausführlich über die eigenen Webfehler: über die Rauflust und die Trinkfreudigkeit, über Jähzorn und Kraftmeierei, über das Phlegma und den Unabhängigkeitsdrang, und nicht zuletzt über den Hang zum Fensterln.

»Mei Ruh will i ham«, diese im Zeitalter des Managers

so befremdliche und um so begrüßenswertere Eigenschaft steht ebenfalls im Mittelpunkt bayerischen Humors.

Beim Humor der Schwaben liegt die Komik stark im Dialekt. Wer schwäbische Schwätzle auf hochdeutsch erzählt, bringt ihren Witz still und schmerzlos um die Ecke. Spötter behaupten allerdings, daß die Schwaben gar keinen Humor zu haben brauchten. Es genüge, wenn sie's Maul aufmachen: Schon brüllt alles vor Lachen. Die Vorlesung eines bekannten Kunsthistorikers der Universität München war nicht zuletzt deshalb so stark besucht, weil der Herr Professor so schön schwäbelte. Atemlose Stille herrschte stets, wenn er ausrief: »Das Schönschte und Edelschte, was die plaschtische Kunscht geleischtet hat, ischt der Bruschtkaschte der Venus von Milo!«

Dieser Dialekt ist ungemein ansteckend. In Stuttgart erzählt man sich die Geschichte von dem achtjährigen Sohn eines amerikanischen Offiziers, der beim Äpfelklauen erwischt wird. In reinstem Schwäbisch erzählt er, daß sein Vater ein Ami sei und in der US-Siedlung wohne. Die auf dem Revier glauben ihm kein Wort, nehmen ihn mit und klopfen bei der angegebenen Adresse an.

»Du Babba«, sagt der Junge, »Dia wellet mir net glaube, daß i dei Bua bin.«

Sagt der Babba, ein baumlanger Major der Panzertruppe, zu den Beamten: »Isch scho okay-le!«

Welcher deutsche Stamm könnte mit denselben guten Gründen diesen herrlichen Vierzeiler zitieren: »Der Schiller und der Hegel, der Uhland und der Hauff, die sind bei uns die Regel, die fallet gar nit auf.«

Ein begabter Stamm also. Wenn auch seine Größen und seine Großen fast alle bereits die Erde deckt. Doch heute soll es nicht weniger Genies im Schwabenlande geben. Besonders viele Dichter. Warum die Welt sie nicht kennt, darauf gab einmal ein schwäbischer Volksschullehrer die bescheidene Antwort: »Unseroim bleibt ja koi Zeit zum Schreibe.«

Neben der Einfalt ist es die Grobheit, die man dem Schwaben vorwirft. »Aufrichtig und gradaus, gutmütig bis obenaus, wenn's sei mueß saugrob, so isch der Schwob«, sagt ihr eigener Volksmund.

Da verirrt sich ein Feriengast auf einem Spaziergang in einem Tübinger Weinberg. Es ist gerad Weinlese, und jedes Kind weiß, daß »das Betreten der Weingärten« jetzt einer Todsünde gleichkommt. Der Winzer hat deshalb auch eine mächtige Wut im Balg.

»Machscht, daß aus meim Wengert [Weingarten] naus kommscht«, brüllt er, »oder i schlag dr de Füaß ab, daß de uf de Schtompa [Stümpfen] hoimkrattle [heimkriechen] muescht, du Siach, du Verfluachter!!«

Antwortet der Feriengast verschüchtert: »Ach entschuldigen Sie, ich habe das Verbotsschild total übersehen.«

Darauf der Winzer: »Drom sait mers uich au en Guetem!« (Darum sagt man es euch auch im Guten.)

Wer A sagt, muß auch B sagen. Und wer von den Schwaben spricht, darf die Sachsen nicht unerwähnt lassen. Ob sie sich gegenseitig besonders mögen, bleibe dahingestellt. Fest steht, daß sie manches gemeinsam haben. Mehr als sonst zwei deutsche Stämme.

Da ist erst mal ihr Köpfchen.

Schwaben und Sachsen sind die beiden Stämme, die

den größten Reichtum an begabten, erfolgreichen Talenten und den größten Geniereichtum aufweisen. Emil Kraepelin, der Reformator der Psychiatrie, ein überaus scharfer Menschenbeobachter, pflegte zu sagen: »In Deutschland gibt es nur zwei Stämme von ausgesprochener Massenintelligenz, die Schwaben und die Sachsen. Die Intelligenz der Schwaben ist die gediegenere, dauerhaftere, die der Sachsen aber die schärfere und raschere.«

Natürlich weiß so was keiner. Weil die Sachsen bescheiden sind. Bescheiden und jemiedlich. So wie ihr berüchtigter Bliemchengaffe. Nur keinen Streit nicht vermeiden, ist ihre Devise. Hat schon jemand mal einen wütenden Sachsen gesehen? »Ich ooch noch nich«, meint Herr Fritzsche (schöner sächsischer Name) aus Delitzsch (noch schönerer sächsischer Name), »aber es muß forchdbar sein.« Da sie in ihrem Land immer sehr eng aufeinandersaßen, haben sie gelernt, in Güte miteinander auszukommen. Wenn Bayern längst in jähem Zorn das nächste Stuhlbein abgebrochen haben, lächeln die Sachsen immer noch jemiedlich vor sich hin. Und so sind auch ihre Drohungen: »Sie, wenn Se mir nochema in mein Glas spucken und Ihre Asche uff de Hose schmeißen, dann . . ., dann – setzch mich weg!!!«

Nach diesen Proben wäre es Zeit, endlich auf den Dialekt zu kommen. Weil man um ihn nicht herumkommt. Wenn man von den Sachsen spricht. Schon die Schwaben hatten ja mit ihrer Sprache allerhand Ärger. Aber mit dem, was die Sachsen da zu leiden haben, damit läßt es sich gar nicht vergleichen.

Wer kennt sie nicht, die köstlichen Mißverständnisse, die uns dieser Dialekt immer wieder beschert?! »Rächen wärmer kriechen«, sagt der Mann im Eisenbahnabteil zu seinem Gegenüber, einem Berliner. Und kriegt zur Antwort: »Daß die Biester nich hopsen können, wees ick ooch.« Regen werden wir kriegen, klingt eben wie: Regenwürmer kriechen.

Für die nunmehr fortgeschrittenen Kenner des Sächsischen folgt jetzt der einschlägige Testwitz. Wir erinnern uns dabei des Hamburger Alsterschwans, als Klein-Erna fragt, warum er denn wohl so'n langen Hals habe, und von Mama zur Antwort kriegt: »Den Schwan, den laß man, der soll ja wohl.«

Obstbaumblüte in Böhlen-Rötha. Er sitzt mit ihr vor einem Glas Gose. Gose ist ein Getränk, das genauso schmeckt, wie es klingt. Tucholsky hat einmal gesagt, Lungenhaschee sehe so aus, als habe es jemand bereits genossen, nun dasselbe gilt für Gose. Laut Lexikon ist sie »ein Weißbier, das in Leipzig und Umgebung hergestellt wird«. Laut Volksmund: »Ein Wundertrank ist wohl die Leipz'ger Gose, wer derer zuviel trinkt, der nehm in Acht die Hose!« Davon soll aber nicht die Rede sein, die Rede sein soll von dem Pärchen, das nicht nur vor seiner Gose sitzt, sondern auch unter einem Kirschbaum. Auf dem Baum läßt sich eine Krähe nieder und gleichzeitig was fallen. Es fällt in die Gose, und hoch auf spritzt sie.

Er (das Glas in die Hand nehmend und den Blick aufwärts in das Blattgewirr richtend): »Von wäjen!«

Kenner der Materie plädieren, daß hier Sachsentum in nuce vorliege, in der Nußschale. Man kann das auch nicht erklären. Man muß es hinnehmen. Wenn ihr's nicht fühlt, ihr werdet's nicht erjagen – um wieder einmal Goethe zu bemühen. Es wäre aber eines Gesellschaftsspieles würdig, sich auszudenken, was ein Berliner, Bayer, Schwabe, Hamburger in diesem Fall gesagt hätte. (Wobei die Gose durch das betreffende Nationalgetränk zu ersetzen ist.)

Einige Vorschläge:

Der Bayer (den Deckel seines Maßkruges, der bis dato sträflich offengestanden, energisch schließend): »Leck mi am Arsch, Bluatsvogel varreckter!«

Der Berliner (mit schrägem Blick nach oben): »War det allet?«

Der Hamburger: »Dascha man s-tarkes S-tück!« (Er steht auf, zahlt und geht.)

Der Schwabe (sinnierend): »Wenn man's recht bedenkt, isch no a Glück, daß 's Rindviech koi Flügel hat.«

Es kam die Zeit, da die Sachsen nicht mehr so viel zu lachen hatten. Weil ein paar Hundert Sachsen keinen Spaß verstanden und ständig rot sahen. Was gewisse Witze betrifft. Dazu gehört auch dieser hier:

Schulungsabend in Bitterfeld. Zweistündiges Referat des Genossen Roitzsch über Karl Marx und seine Bedeutung für . . ., na für irgend etwas. Der Abend steht unter dem Motto: Wenn alles schläft und einer spricht . . . Nachdem der Redner siebenmal gedroht hat: »Ich komme jetzt zum Schluß . . .«, tut er es wirklich.

Stühlerücken, Räuspern, langsam taucht alles wieder an die Oberfläche.

»Irgend etwas noch unklar?« fragt der Genosse Vortragende.

Eine Hand reckt sich zögernd. »Ne gleene Fraache hättch schon noch. Is der Marx nu eigendlich bewohnt oder nich?«

Und dieser gehört ebenfalls dazu:

Tafelt einer vom Gesamtdeutschen Ministerium mit einem SED-Funktionär in einem Leipziger Restaurant. Fragt er den Ober: »Zwei Kalbsmedaillons waren butterweich, das dritte aber läßt sich noch nicht mal schneiden.«

Meint der Ober: »Mikrophone sind nu' emal 'n bißchen zäh.«

Und auch der hier:

Kommt einer unerwartet nach Hause und ertappt seine Frau mit einem Liebhaber. »Du bist gut, Friedchen«, schreit er wütend, »mährst hier im Bette rum, und in der HO gibt's Apfelsinen.«

Doch eines Tages geschah etwas, woran niemand mehr so recht hatte glauben wollen: Die Mauer fiel, und da sie so schön bunt war, konnte man sie sogar noch verkaufen. Scheibchenweise. Die Wachttürme wurden umgelegt, die Schäferhunde kamen in Pension, und von ihren Herrchen mit den Maschinenpistolen wollte es keiner gewesen sein. Unter denen, die als erste die Durchbrüche am Potsdamer Platz passierten, war eine kesse Blonde mit 'ner Baskenmütze. Die stach einem wohlbeleibten Vopo mit dem Zeigefinger in den Bauch und sagte: »Da staunste, Dicker, wa?«

Der Flüsterwitz, der so wirkungsvoll dem Stuhlgang der Seele gedient hatte, mit dessen Hilfe man seine Wut und seine Ohnmacht, wenigstens für einen Moment, loswerden konnte, den die Unterdrücker zu allen Zeiten nicht hatten unterdrücken können, der Flüsterwitz war tot, und niemand brauchte mehr zu fürchten, daß er beim Witzeerzählen auf den falschen Zuhörer traf. Die Antwort auf die Frage, was es für neue Witze *gebe*, war ja bezeichnend genug gewesen: »Ein Jahr Zett [Zuchthaus].«

Eine Geschichte Spaniens oder Schwedens oder Ungarns zu schreiben, in der man lediglich den Humor seiner Bewohner heranzieht, wäre für einen Historiker schwierig. Eine Erkenntnis, die für Deutschland nicht gilt. Hier war der Witz der einzelnen Stämme immer so intensiv, daß er jede Epoche vielfältig widerzuspiegeln wußte.

So fand der Volkswitz auch rasch neue Nahrung, nachdem, laut Politbüro, antisozialistische Elemente, Rowdies und bezahlte Claqueure des Klassenfeinds so ausdauernd wie wirkungsvoll »*Wir* sind das Volk!« gerufen hatten. Die DDR wurde KRENZenlos, der Jahresendflügler durfte wieder Weihnachtsengel heißen, das Erdmöbel wieder Sarg und die rauhfutterverzehrende Großvieheinheit wieder Kuh.

Was dem Volksmund nicht einfiel, nicht einfallen konnte, weil es einfach zu phantastisch war, das waren die beiden Witze, die mit den Worten begannen: »Der Staatsratsvorsitzende Erich Honecker und seine Frau Margot fanden bei einem mitleidigen evangelischen Pfarrer vorerst ein Notquartier.« Und: »Das Mitglied des Politbüros, Egon Krenz, erhielt gestern sein erstes Honorar als freier Mitarbeiter der BILD-Zeitung.« Realsatire in Reinkultur.

Der merkwürdige Vogel kam geflogen, den die Natur mit der Fähigkeit ausgerüstet hat, Kopf und Hals unter eigentümlichen Verrenkungen bis zu hundertachtzig Grad zu drehen. Nicht ohne vorher mit Hilfe des Schnabels zu prüfen, woher momentan der Wind wehte. Der Brehm notiert ihn unter *Jynx torquilla*, der Wendevogel.

Im Unterschied zur freien Wildbahn, in der der Bestand an Wendehälsen abgenommen hat, siedelte er östlich der Elbe nunmehr in großen Kolonien.

Und über die Grenzen rollten und rollten und rollten vierrädrige Fahrzeuge, die von einem Zweitakt-Reihenmotor innerhalb von sechsundvierzig Sekunden auf hundert Stundenkilometer gebracht wurden. Eine Geschwindigkeit, die für ihren Lenker nicht ganz gefahrlos war, bestanden sie doch aus ehemaligen Alttextilien, die der VEB Sachsenring zu einer Karosserie gepreßt hatte. Der »Trabant 601«, allgemein Trabi genannt, ist das meist beschimpfte, meist bewitzelte Automobil der Kraftfahrzeuggeschichte. Wer aber mit ihm losrattern konnte, fühlte sich als ein glücklicher Mensch. Schließlich hatte er auf ihn ein Weilchen warten müssen. Die Typenbezeichnung »601« war schon sinnvoll. Schließlich warteten regelmäßig sechshundert, und einer bekam ihn. Obwohl nur drei Facharbeiter nötig waren, einen Trabi zu produzieren: Einer schneidet zu, einer faltet, einer klebt.

Irgendwann ist es dann soweit. Von der VEB in Zwickau kommt ein Anruf: »Wir können Ihnen die erfreuliche Mitteilung machen, Herr Meyer, daß der von Ihnen bestellte Trabant am 11. Juli 1999 geliefert wird.« Fragt Meyer: »Vormittags oder nachmittags? Am Vormittag kriegen wir nämlich die neue Waschmaschine.«

Sehr schnell war er nie, auch dann nicht, wenn man ihn endlich auf Hundert gebracht hatte. Übertrieben natürlich die Bemerkung der Schildkröte zu einer anderen Schildkröte angesichts eines sich nähernden Trabis: »Guck ma', da kommt ja Opa.« Immerhin kam man mit ihm rasch genug nach Kürze, jenem Ort, wo es immer alles gab (ständige HO-Auskunft: »In Kürze gibt es . . .« Apfelsinen oder Unterhosen oder Batterien oder Waschpulver oder, oder, oder). Sie hüteten ihn wie ihren Augapfel, ließen ihn bei Gewitterregen nicht an der Bordsteinkante stehen, bestand doch die Gefahr, daß er in den Gulli gespült wurde. In Leipzig war einst ein Trabi am hellichten Tag verschwunden. Wie sich herausstellte, hatte ihn eine deutsche Dogge apportiert und in einem Vorgarten vergraben.

»Warum nennen Sie Ihren Trabant eigentlich Luther?«

»Nu ja, Sie wissen ja, was der gesagt hat: Hier stehe ich, ich kann nicht anders.«

Beugt sich ein Wessi aus dem Cockpit seines Trukkers und fragt die Fahrerin eines Trabis: »Sagen Se mal, Frollein, stillen Se den noch, oder kriegt der schon Benzin?«

Normalerweise ist der Wessi nicht so humorvoll im Umgang mit den Ossis. Als Besserwessi – was für eine großartige Sprachprägung des Volksmunds – tat, und tut, er viel, sich unbeliebt zu machen. Er weiß nicht nur alles, er weiß auch alles besser. Eine gewisse Ähnlichkeit mit dem Berliner der zwanziger Jahre, der auswärts weniger durch Herz und Köpfchen als durch seine sprichwörtlich gewordene große Klappe auffiel, drängt sich auf.

». . . vom Erfolg korrumpiert, laut, überheblich, unduldsam, vif und fix. Dieser Deutsche ist ein ungeheures Arbeitstier. Er ist superscharf im Urteil, nur nicht gegen sich selbst. Er ist unvergleichlich tüchtig, denn er verkauft sich immer besser als die wirklich

Tüchtigen. Er hat immer das letzte Wort, denn schwerlich läßt er einen anderen zu Wort kommen.« Das, was ein gestandener Bayer hier über den »Preiß« schreibt, trifft ziemlich genau auf den Besser-Wessi zu.[47]

Diese Besser-Wessi-Witze sind keine Flüsterwitze, und doch haben sie dieselbe Funktion. Sie erleichtern, führen den Frust ab, die Minderwertigkeitskomplexe und den Zorn gegenüber jenem Typ aus dem Westen, der auftritt wie ein Besatzer, überheblich und gönnerhaft zugleich ist, sich für den Größten hält und über Leichen geht. Ihre Tonart ist von schneidender Schärfe, ja von Boshaftigkeit.

Ossi und Wessi am Ostseestrand. Wessi: »Da vorn geht der Rettungsschwimmer, der mir heute vormittag das Leben gerettet hat.«

»Ich weiß«, sagt Ossi, »er hat sich schon bei mir entschuldigt.«[48]

Ossi geht zur Wahrsagerin, um sich die Zukunft im wiedervereinigten Deutschland deuten zu lassen. Meint die Pythia nach einem Blick in die Kristallkugel: »Dein Bruder Wessi wird eines gewaltsamen Todes sterben.« Fragt Ossi erschrocken: »Und . . ., und wird man mich freisprechen?«

Ossi entdeckt in der Dresdner Innenstadt ein Schild an einer Ladentür mit der Aufschrift: »Wir bedienen lieber zehn Wessis als einen Ossi.« Empört reißt er die Tür auf – und stellt fest, daß er in einem Beerdigungsinstitut ist.

Motto: »Wessis, seid fruchtbar und mehret euch! Ossis, seid furchtbar und wehret euch!«

Die Sachsen und die Schwaben also waren die Meistgeplagten unter den deutschen Stammesbrüdern. Man zog sie durch den Kakao, wo immer man konnte. Man ahmte, mehr schlecht als recht, ihren Dialekt nach. Man spöttelte über die Reiselust der einen und über das verbissene Schaffe-schaffe-Häusle-baue der anderen. Das Ergebnis: Die beiden Stämme konnten sich langsam selber nicht mehr leiden. Nach ihrer Herkunft befragt, pflegten Schwaben demonstrativ zu antworten: »Wir sind Württemberger!« Sachsen im Exil versuchten mit allen Mitteln, nicht mehr zu sächseln. (Aber der Dialekt kam immer wieder durch, wie ein Tomatenfleck nach der zehnten Wäsche.)

Ende der sechziger Jahre ward ihnen endlich Erlösung. Sei es, daß den übrigen Deutschen zum Thema »Schwabe« nichts mehr einfiel, sei es, daß die Sachsen bereits zu lange hinter dem Eisernen Vorhang verschwunden waren – jedenfalls bedurfte die Nation dringend neuer Prügelknaben. So etwas braucht nämlich, das haben die Sozio-Psycho-Ethnologen längst herausgefunden, jedes Volk. An selbstgeschaffenen Sündenböcken läßt sich die eigene Unzulänglichkeit lustvoll abreagieren. Das schadenfrohe Vergnügen dient zur Stabilisierung und Entlastung des eigenen Selbstbewußtseins, aufgestaute Affekte können rasch und schmerzlos abreagiert werden. Ergo: Wer keine Schildbürger hat, der macht sich welche.

Sie wohnen im äußersten Nordwesten unseres Landes, verloren zwischen Marsch und Ems, vom Fortschritt unbeleckt, dazu eigenbrötlerisch und wortkarg, linkisch und zäh, blond und sehr deutsch.

». . . ein Volk, das flach und nüchtern ist wie der Boden, den es bewohnt, das weder singen noch pfeifen kann«, sagt Heinrich Heine von ihnen, »das wohlverwahrt in wollenen Jacken herumkauert und einen Tee trinkt, der sich vom gekochten Seewasser nur durch den Namen unterscheidet, und eine Sprache schwätzt, wovon kaum begreiflich erscheint, wie es ihnen selber möglich ist, sie zu verstehen.«

Die Ostfriesen, so heißt das Volk, boten sich also geradezu an. Man wundert sich nur, daß sie nicht schon längst als Sündenbock der Nation entdeckt worden waren. Nun, Ende der Sechziger, wurde das gründlich nachgeholt. Eine Witzewelle nie gekannten Ausmaßes schwappte durch ganz Deutschland.

»Kennen Sie den schon?« Diese Ankündigung eines neuen Witzes wurde wieder aktuell an deutschen Stammtischen. Man konnte endlich wieder lachen. Auf Kosten anderer zwar, aber wen stört das schon. Schadenfreude ist allemal die schönste Freude. »Warum essen die Ostfriesen so gern grüne Bohnen?« – »Damit sie ab und zu einen vernünftigen Ton von sich geben.«

Der Diskjockey auf der Heiteren Welle meint mit gekünstelter Scheinheiligkeit: »Wußten Sie eigentlich schon, warum die Ostfriesen Pfeffer auf die Mattscheibe ihres Fensehapparates streuen? Damit das Bild schärfer wird.«

Auch Parties waren nicht mehr ostfriesensicher. »Warum haben die Ostfriesen so flache Hinterköpfe?« fragte unser Klaus-Dieter mit der Witzkiste, der endlich wieder mal in seinem Element war. »Weil ihnen beim Wassertrinken immer der Klodeckel auf den Kopf fällt.« Und schon startet er den nächsten. »Warum wird bei Hochzeiten in Ostfriesland immer ein Mistwagen mitgeführt?« – »Damit die Fliegen von der Braut abgelenkt werden.«

Bücher mit Ostfriesenwitzen kamen auf den Markt – und wurden Bestseller. Man grub sie in Schallplatten, pflanzte sie in die Bütt, füllte mit ihnen die Humorseiten der Illustrierten. Ostfriesland und kein Ende.

Wodurch diese Welle ausgelöst worden ist, das liegt, wie meist in solchen Fällen, im dunkeln. Der Redakteur einer oldenburgischen Schülerzeitung war es, die Ur-Rivalität zwischen Oldenburg und Ostfriesland schlau nützend. Sagen die einen. Andere schieben es Bundeswehrsoldaten in die Schuhe, die sich zwischen Marsch und Ems tödlich langweilten.

Die Urheber stehen nicht fest. Fest steht nur, daß sie von primitiver Geisteshaltung gewesen sein müssen. Die Ostfriesenwitze sind, der geneigte Leser wird es gemerkt haben, qualitativ nicht zu vergleichen mit Schwaben- und Sachsenwitzen. Ihre Sprache ist dürftig, der Aufbau stereotyp, die Pointe gleicht einem Holzhammer. Witze ohne Witz!

Witzlos auch die Reaktion der Opfer. Ihr Regierungspräsident meinte, daß, wenn die Ostfriesen tatsächlich Rollkragenpullover trügen, um das Gewinde ihrer Holzköpfe zu verdecken, wohl kaum »dreiundachtzig Prozent unserer Schulen Neubauten wären«, na und die Zahl der Abiturienten sei ebenfalls ungewöhnlich hoch.

»Die schwierigste Turnübung ist immer noch die, sich selbst auf den Arm zu nehmen«, sagte Werner Finck. Und fügte hinzu, daß die Deutschen in dieser wahrhaft olympischen Disziplin noch keine Medaillen gewonnen hätten.

Da lobe ich mir den Mann aus Aurich, der an das Heckfenster seines Autos ein Spruchband klebte mit der Bitte: »Hupen zwecklos. Bin Ostfriese. Erwarte Rauchzeichen.« Aber dieser Mann stammte vom »Fuß der Pyramide«, aus dem heiteren deutschen Fußvolk also.

Der politische Witz fand in Bonn nie eine rechte Heimat. Weil Bonn zwar ein nettes Städtchen ist, aber keine Metropole. Und in der Idylle gedeihen keine Witze. Bonn ist eben halb so groß wie der Friedhof von Chicago, aber doppelt so tot. Es spricht Bände, daß heute immer noch jene bereits erwähnte Auskunft kolportiert wird, die der Stadtpolizist einem Fremden in Sachen Nachtleben erteilte: »Nachtleben? Also unter uns gesagt – die Dame ist heute in Köln.«

Die Adenauer-Witze nahmen eine Sonderstellung ein. Sie zielten weniger auf die Regierung, wie es politische Witze ja tun sollten, sondern gemeint war das Original. Das Original Adenauer mit seiner Schlitzohrigkeit, seinem strammen Katholizismus, seinem Beharrungsvermögen.

Weder Ludwig Erhard noch Willy Brandt, weder Kurt Georg Kiesinger noch Helmut Schmidt zeigten sich sonderlich witztträchtig. Erhard war, wie später Franz Josef Strauß, mehr ein Fall für den Karikaturisten. Schmidts oberlehrerhafte Attitüde und Brandts Liebe zu scharfen Getränken (»Willy Weinbrandt«) erwiesen sich auf die Dauer nicht als abendfüllend. Die wenigen Witze, die im Umlauf waren, sind von zu schlechter Qualität, als daß es sich lohnte, sie zu erzählen.

Da gab es Heinrich Lübke, Bundespräsident schmunzelnden Angedenkens, mit seinem nach ihm getauften Englisch (Antwort auf die Frage Kennedys, wann der Empfang beginne: »Later it goes loose.«) und einer Schwäche, Dinge miteinander zu verwechseln (»Am meisten gegeben auf meiner Japan-Reise, meine Damen und Herren, hat mir Okasa«). Das jedoch gehört in die Kategorie des unfreiwilligen Humors. Wie auch sein weltweit mit großer Heiterkeit bedachtes Beileidsschreiben zum Tode des (homosexuellen) Jean Cocteau. Es war an die Witwe des französischen Dichters und Malers gerichtet. Wie aus eingeweihten Kreisen der Bonner Szene damals unter der Hand erzählt wurde, hätten sich allerdings vier französische Künstler für die Beileidsbekundung bedankt.

Anders wurde es mit dem politischen Witz in Deutschland, als 1982 eine neue Crew das Kommando über das Raumschiff Bonn übernahm.

Anders, um es vorwegzunehmen, aber nicht besser. In diesem unserem Lande muß das in dieser Stunde einmal offen zum Ausdruck gebracht werden. Denn schließlich ist das keine Sache, die auf den Tellerrand des morgigen Tages gehört. Entscheidend ist letztlich, was hinten herauskommt. Womit wir bei Helmut Kohl wären und seinem etwas unglücklichen Verhältnis zur deutschen Sprache. Über ihn werden so viele Witze erzählt, daß eine Aufnahme in das Guinness-Buch der Rekorde erwogen wurde. Sie haben den Intelligenzquotienten des Bundeskanzlers zum Thema, richten sich gegen seine vermeintliche Begriffsstutzigkeit und Beschränktheit und seinen Mangel an Sprachkenntnissen.

Hannelore Kohl bittet ihren Mann, er möge ihr von seiner Ägypten-Reise eine Krokohandtasche mitbringen. Bei der Rückkehr zuckt er bedauernd mit den Achseln: »Wir haben eine Menge Krokodile gesehen, aber nicht eins trug eine Handtasche.«

Als Wörner noch Bundesverteidigungsminister war,

meldete er eines Tages dem Bundeskanzler, der Panzer Leopard werde demnächst von der Schweiz in Lizenz gebaut. Fragte Kohl: »In welchem Kanton liegt das, Lizenz?«

Ostfriesland läßt grüßen. Treffender sind da schon die kleinen Geschichten, die sich um des Kanzlers mangelhaftes Englisch drehen. Ein Manko übrigens, an dem viele Bonner Politiker leiden. Mrs. Thatcher hat den Kanzler bei einem England-Besuch in einen Pub eingeladen. Sie bestellt ein dunkles Guinness, er ein helles Lager. Sie hebt ihr Glas und trinkt auf die Gesundheit ihres Gastes. »Your health, dear Helmut.« – »Your Dunkles, Margaret.«

Bei einer Konferenz in Paris kommen Bush, Andreotti und Kohl zu spät in den Elysée-Palast. »I am so sorry«, entschuldigt sich der amerikanische Präsident bei Mitterrand. »I am sorry too«, beeilt sich Andreotti hinzuzusetzen. Sagt Kohl: »I am sorry three.«

Über Kohl-Witze mag man lauthals lachen oder gequält das Gesicht verziehen. Je nachdem, welcher Partei man zuneigt. Denn so weit ist die Polarisierung bei vielen schon fortgeschritten, daß sie bei politischen Witzen rechts oder links zu lachen sich angewöhnt haben. Der Zielfigur haben die Witze übrigens nicht geschadet. Daß Kohl nicht gerade zu den Intellektuellen zählt, daß er keine Sprachbegabung hat, macht ihn beim Bundesvolk eher sympathisch. Weil: Dat is doch mänsch-lich. So menschlich wie man selbst, nämlich nicht intellektuell und ohne Sprachkenntnisse.

Lächerlichkeit kann töten, hieß es noch zu Kaisers Zeiten. Heute könnte sie noch nicht mal jemanden bloßstellen. Politiker pflegen *ihre* Karikaturen und *ihre* Witze sorgfältig zu sammeln, ja zu broschieren. Nach dem Motto: »Das wäre doch gelacht, wenn wir keinen Humor hätten.« Deshalb lachen sie auch laut, wenn man im Kabarett über sie herzieht; und noch lauter, wenn sie sich von der Kamera beobachtet fühlen. Hans Dietrich Genscher, nunmehriger Ex-Außenminister, stülpte sich bei einer Pressekonferenz eine Genschman-Maske über. *Genschman* heißt die von den Satirikern geschaffene Spottgeburt aus Außenminister und Batman: nur echt mit den Ohren. Über die Anspielungen auf seine großen Ohren amüsierte sich der Minister, über die auf seine Reisesucht konnte er noch nie so recht lachen.

So zum Beispiel gewiß nicht über Christof Weigolds Gedichtlein *Omnipräsenz*:

»Atomwissenschaftler
führen immer wieder an,
ein GAU in einem deutschen Kernkraftwerk
sei ebenso wahrscheinlich wie die Annahme,
daß Bundesaußenminister Genscher
sich in zwei Flugzeugen
über dem Frankfurter Waldstadion
selbst begegne, während dort ein Fußballspiel statt-
findet vor sechzigtausend Zuschauern –
unter ihnen
Bundesaußenminister Genscher.«[49]

Auch dieser Scherz hier wird ihn nicht sonderlich amüsieren. Genscher blickt aus dem Flugzeug auf eine langsam unter ihm verschwindende Stadt und murmelt: »Wenn heute Donnerstag ist, kann das nur Montevideo gewesen sein.«

Aber der gehört, wieder einmal, zur Kategorie der Wanderwitze und war ursprünglich beheimatet bei amerikanischen Touristen und ihrem Ehrgeiz, »to see Europe in three weeks«. »Wo waren wir gestern, John?« – »Wenn gestern Dienstag war, war das Florenz.«

Es sind fast ausschließlich Wanderwitze, also Gepumptes, Verschlissenes, irgendwann einmal einer bestimmten Person oder Situation Angehängtes, aus dieser Schublade Hervorgekramtes, wovon sich unsere Witzbolde ernähren. Gibt es denn gar nichts Neues unter der Sonne? Nein, sagen die Psychosoziologen und Soziopsychologen, die sich von Berufs wegen mit Witz und Humor beschäftigen. Und warum nicht? Weil es uns zu gutgehe, weil Wohlstand witzfeindlich, weil wahrer Humor Galgenhumor sei. Auf dem Gebiet der Sexualität gebe es allerdings hin und wieder einen Neuen, einen passablen Neuen. Wie den hier . . . Seufzt der Jetset-Manager: »Ich komme einfach zu nichts mehr. Wenn man auf den Airports nicht immer wieder nach Waffen abgetastet würde, hätte man überhaupt kein Sexualleben mehr.«

DIE JUDEN
oder
Des Witzes Krönung

D er jüdische Humor«, schreibt George Mikes, »wurde im Reich des Zaren geboren, wo die Juden verfolgt, geschmäht und verachtet wurden, aber trotzdem ... überzeugt blieben, daß sie nicht schlechter, nicht wertloser seien als ihre ungehobelten, ungebildeten und korrupten Unterdrücker.«[50] Salcia Landmann fügt hinzu, daß der jüdische Witz nur durch das osteuropäische Judentum kurz nach dem Einbruch der Aufklärung geschaffen werden konnte.[51]

Mikes und Landmann sind nicht nur jüdische Autoren, sondern gleichzeitig Autoritäten dafür, daß der Witz der Juden zum Humor der Europäer gehört wie der Duft zur Rose. Und wer sich hindurchgelacht hat in England und in Frankreich, in Rußland und in Schottland, in Italien, Österreich und in der Schweiz, wird immer wieder den Hut gezogen haben: vor alten (Witz-) Bekannten, denen man schon einmal im jüdischen Gewand begegnet ist. Wobei dieses Gewand das bessere war, und das ursprünglichere dazu.

Besonders häufig sind diese Begegnungen beim deutschen beziehungsweise deutschsprachigen Witz. Die Wiener zum Beispiel haben sich für ihren Grafen Bobby manche Story gepumpt, in der eigentlich der Reb Jankel oder der Moische Rosenzweig der Held ist.

Eine der besten Bobby-Geschichten dreht sich um des Grafen flatterhafte Freundin, der der Rudi als Privatdetektiv nachspioniert, vom Theater ins Separée in die Hotelhalle, von der Halle bis vor die Zimmertür, und wie sich das Pärchen entkleidet, küßt, ins Bett geht, und wie schließlich das Licht ausgeht, jene Stelle der Erzählung, die Bobby mit dem weltberühmten Ausspruch kommentiert: »Mein Gott, diese schreckliche Ungewißheit!«

». . . man lacht ganz einfach über die moralische Feigheit eines Mannes, der die unleugbare Tatsache nicht anerkennen will«, schreibt Jan Meyerowitz, dem wir das klügste Buch über den jüdischen Witz verdanken. »Es ist ganz einfach die Geschichte von einem Hahnrei, der es nicht sein will. Für Juden hat die Geschichte aber noch eine andere Bedeutung. Das 290. Verbot des Codex Maimomides heißt: Verurteile niemanden auf einen bloßen Indizienbeweis hin. Dadurch wird die Komik des feigen Ehegatten durch die Parodie auf seine übertriebene, am falschen Ort gezeigte Rechtmäßigkeit noch vertieft (es wird sogar offengelassen, ob er naiv oder Vogel-Straußisch reagiert, möglicherweise beides zugleich . . .). Für einen Juden ist der juristische Humor des Witzes der frappantere und komischere.«[52]

Andrerseits gibt es eindeutige Bobby-Witze, die ins Jüdische hinübergewechselt sind, wie die Geschichte vom Lachs, der in der Floriansgassen läuft und vom Reitpferd, mit dem man bereits um neun Uhr früh in Wiener Neustadt sein kann. Dieses gegenseitige Ausborgen ist kein Zufall. Hier zeigt sich eine gewisse geistige Verwandtschaft. Des Bobby heiter-melancholische Resignation, seine diabolischen Überkugelungen, die

die Dinge wieder geraderücken, indem sie auf den Kopf gestellt werden, gehören auch zu den Farben der jüdischen Palette.

Geradezu eine Osmose, eine wechselseitige Durchdringung, konnte man einst bei den Juden und bei den Berlinern beobachten. Diese Durchdringung war so stark, daß man in vielen Fällen von berlinisch-jüdischem Witz oder umgekehrt sprechen muß. Ihnen gemeinsam ist die enorme geistige Cleverneß, die Fähigkeit, blitzschnell zu formulieren, und die phantastische Frechheit, sprich Chuzpe. Brutstätten solcher Bonmots waren die Berliner Börse, das Berliner Theater, der Berliner Filmbetrieb.

Hierfür ein Beispiel: Kommt einer im letzten Moment ins Theater gehetzt, weiß noch nicht mal, was gegeben wird, huscht beim letzten Klingelzeichen durch die Tür ins Parkett, natürlich hat er Mittelplatz, alle müssen aufstehen, endlich hat er sich durchgedrängt, im selben Moment geht der Vorhang auf, der Mann, noch damit beschäftigt, Programm, Fernglas, Eintrittskarten zu verstauen, wirft einen kurzen Blick auf das langsam aufdämmernde Bühnenbild und murmelt: »Säulen, schon Scheiße.«

Und der Mann, der, eine Menschenansammlung mit dem Ellbogen zerteilend, ausruft: »Lauter schimpfen, hier hinten versteht kein Aas was!«, kann mit seiner Chuzpe sowohl Jude als auch Berliner sein.

Diese Entsprechungen finden sich sogar noch in den Kriegs- und Nachkriegsjahren, in einer Zeit also, in der es den jüdischen Witz in Deutschland nicht mehr geben konnte, weil es keine Juden mehr gab. Frappantes Beispiel dafür ist die Geschichte vom kleinen Fritzchen, das, der Bomben wegen, evakuiert in Bayern lebt und dort die, selbstredend katholische, Schulbank drückt. Fritzchen wird vom Schulrat anläßlich einer Besichtigung gefragt: »Was ist das: Es hat einen buschigen Schweif, hüpft von Ast zu Ast und knackt Nüsse?« Fritzchen, sich skeptisch am Kopf kratzend: »Zehause würd' ick sofort saren, klarer Fall von Eichhörnchen, aber wie ick euch hier kenne, isset bestimmt wieda das herzallerliebste Jesulein.«

Im Jüdischen erscheint das Fritzchen als »kleiner Moritz«, der in Amerika aufwächst und dort, aus Gründen der Qualität, ein katholisch geleitetes Internat besucht. In Wirtschaftskunde lernt er, daß Handel und Wandel ohne des Jesuskindes schützende Hand keinen Segen bringt. In der Religionsstunde steht das Jesuskindlein im Mittelpunkt aller Legenden. Der Lauf der Geschichte wird, so in der Geschichtsstunde, wesentlich vom Jesuskind beeinflußt. Als nun der Lehrer in der Biologiestunde das Eichhörnchen schildert und den kleinen Moritz fragt, um welches Tier es sich dabei wohl handele, bekommt er die gleiche Antwort, die bereits das Fritzchen gegeben hatte.

In Persönlichkeiten wie dem Bankier Carl Fürstenberg, dem Maler Max Liebermann, dem Schriftsteller Kurt Tucholsky hat die berlinisch-jüdische Mischung ihre höchste Delikatesse erreicht. Nicht alle Bonmots sind von Fürstenberg, viele hat man ihm, wie das so üblich ist, nachträglich in den Mund gelegt. Von den Originalen hier eine kleine Auslese:

Fürstenberg wollte verreisen. Man schrieb das Jahr 1919, und wem gelang, ein Schlafwagenabteil zu ergattern, der hatte das große Los gewonnen. Dem Bankier

»Zu den altehrwürdigen jüdischen Beschäftigungen gehört das Kaufen und Verkaufen von alten, völlig unbrauchbaren Gegenständen, vorzugsweise aus dem Haushalt, und von alten Kleidern. Die Hausfrau ist froh, den Plunder loszuwerden, aber die wirkliche Freude besteht natürlich im Handeln. Man verlangt zum Beispiel die runde Summe von hundert Pfund. Der blutsaugerische Händler antwortet mit einem Gegenangebot von fünfundzwanzig Piastern. Zum Schluß trifft man sich auf halbem Weg und verkauft das Zeug um fünfundzwanzig Piaster.« *(Ephraim Kishon)*

war es gelungen. Stillzufrieden stand er am Fenster seines Abteils und schaute auf den hektischen Betrieb des Anhalter-Bahnhofs. Ein Börsianer kam den Bahnsteig entlanggehetzt und rief zu ihm hinauf: »Herr Fürstenberg, habe jehört, Ihr Oberbett ist noch frei, treten Se 's mir ab. Geld spielt keine Rolle.«

Fürstenberg sah den Mann eine Weile an, dann sagte er: »Das muß ich mir erst noch mal überschlafen.«

Als ihn sein Prokurist an einem trostlosen Novembermontag in der Bank mit den Worten begrüßte: »Herr Fürstenberg, wissen Sie schon, wer gestorben ist?«, antwortete er mürrisch: »Mir ist heute jeder recht.«

Einmal erzählte ihm ein Geschäftsfreund den neuesten Klatsch: Der von Reitzenstein sei doch verheiratet seit zwei Jahren, verheiratet mit dieser bildschönen, rassigen Ungarin, na ja und die betrüge ihn nun, betrüge ihn nicht nur mit einem Liebhaber, sondern gleich mit deren zwei.

»Und dieser Reitzenstein, was tut er dagegen, nichts tut er dagegen, der Trottel! Na, wie finden Se'n das, Herr Fürstenberg?«

Der Bankier zuckte mit den Achseln: »Der Mann ist kein Trottel, der Mann ist klug. Wird er sich sagen, lieber mit dreißig Prozent in 'ner guten Sache drinstekken als mit hundert in 'ner miesen.«

Während Fürstenberg und Liebermann gelebt haben, hat Wendriner[53] nicht gelebt. Es gab ihn trotzdem. Und zwar in Hunderten von mehr oder weniger prächtigen Exemplaren. Diese von Tucholsky erschaffene Figur des Berliner Spittelmarkt-Juden ist umwerfend komisch und zeugt gleichzeitig von erbarmungsloser Selbstkritik. Hier eine Probe aus »Herr Wendriner beerdigt einen«:

»Gräßlich, so'n feuchter Regentag! Haben Sie Ihren Schirm? Ich nehm immer 'n Schirm mit. Schrecklich, die arme Frau. Ich hab ihn noch gekannt, wie er in der Alexanderstraße seinen kleinen Laden gehabt hat – ein grundanständiger Mann. Nu – die Frau ist versorgt, der Mann hinterläßt mindestens seine achtmalhunderttausend. Ich weiß nicht: Ich hab ihn immer gern gehabt. Noch vor zwei Monaten haben wir über Gruschwitz Textil gesprochen, ich hab ihm den Tip gegeben, da hat er nebbich noch zweitausend dran verdient! . . . Hier, weiter drüben liegt ein alter Onkel von mir, an den muß ich so oft denken, der hat immer gesagt: Ich wünsch dir, daß du nie so von der Börse kommst, wie du hingegangen bist! Recht hat der Mann gehabt. Diese Flaute ist was Fürchterliches. Ja. Haben Sie übrigens gehört, Esmarsch und Ehrmann vergrößern ihr Kapital? Sehr gute Leute – können Sie sag'n, was Se woll'n. Entschuldigen Sie! Jetzt hab ich meinem Vordermann schon zweimal auf die Hacken getreten. Es ist aber auch eine kolossale Beteiligung. Kalt is. Ich wer mir noch wer weiß was holen. Aber ich hab's mir nich nehmen lassen zu kommen. Meine Frau hab ich zu Hause gelassen. Sie regt sich immer so auf. Beerdigungen sind nichts für Frauen. Außerdem hat sie heute Anprobe bei der Schneiderin. Sie waren doch neulich in Chemnitz? Sagen Sie mal, haben Sie da den kleinen Steinitz nicht gesehen? Der hat doch in eine Strumpffabrik reingeheiratet, sehr fixer Junge. Schade – ich hätt' gern gewußt, was aus dem geworden ist. Ich arbeite gern mit Sachsen – die Leute gehn mit der Zeit mit . . . Wissen Sie, ich habe immer zu meiner Frau gesagt: Bei meiner Beerdigung möcht ich am liebsten keine Beteiligung haben. Musik, ein schönes

Quartett, und weiter gar nichts. Sie auch? Nein. Und so schnell, nicht wahr? Vorvorige Woche war er noch auf der Börse und hat Witze gemacht. Sie haben sofort einen Spezialisten zugezogen, aber es war nichts mehr zu machen. Vernachlässigt, wahrscheinlich. Man müßte mehr Diät halten.«

Jüdischer Witz ohne Selbstkritik ist nicht denkbar. Sie stellt ein wesentliches Element dar. Es gibt kein Volk auf der Erde, das sich derart lustvoll selbst auf die Schippe nimmt wie Gottes auserwähltes Volk. Nur die Engländer erreichen in ihren besten Understatements gelegentlich dieses Niveau. Die Juden stellen alles in Frage: ihre Religion, ihre Bildung, ihre Ehrlichkeit, ja ihre Sauberkeit. Was hier geschieht, grenzt zum Teil an Masochismus. Dabei spricht nichts anderes daraus als die philosophische Erkenntnis, daß alles so schrecklich relativ ist, selbst die eigenen Tugenden.

Antisemiten haben sich lustvoll auf solche Witze gestürzt. Und, wenn der Vorrat nicht reichte, selbst welche hinzuerfunden. Was taten die Juden dagegen? Sie übernahmen sie in ihr eigenes Repertoire. Das einzige Kriterium dafür war lediglich die Qualität. Um das begreifen zu können, müßte man sich bundesdeutsche Normalverbraucher vorstellen, die mit Vorliebe anti-deutsche Witze erzählen. Man kann es sich nicht vorstellen.

Greift sich Laib Karfunkel während des Gebets in der Synagoge mit allen Zeichen des Entsetzens an die Stelle, wo sonst sein Geldbeutel sitzt: »Großer Gott, werd ich haben zu Hause die Brieftasche liegen lassen, mit zehntausend Zloty.« Beruhigt ihn der Banknachbar: »Wirste dir aufregen, wo wir doch senn alle do.«

Und Isakson antwortet auf die Frage des Hoteldirektors (der gerade die Rechnung fertig macht): »Haben Sie ein Bad genommen?« mit den Worten: »Wieso, fehlt eins?« (Variante: »Wünschen Sie ein Zimmer mit fließendem Wasser?« – »Bin ich a Forelle?«)

Aschersohn am Montagmorgen im Büro, den Kopf auf beide Hände gestützt: »Waih, is mir mies. So mies wie Richard dem Dritten muß gewesen sein, als er hat gesagt: ›Schmach und Gram, daß ich zur Welt sie einzurichten kam.‹« Der Prokurist verbessert ihn: »Aber Herr Aschersohn, Sie meinen Hamlet. Richard hat ganz was anderes gesagt: Er hat gesagt: ›Ein Pferd, ein Pferd!‹« Aschersohn: »Ooch sehr scheen . . .«

Das sind drei jüdische Witze, und längst müßte die Frage geklärt worden sein, wie sie erzählt werden sollen: auf jiddisch, auf hochdeutsch oder in Form des Jüdelns?

Jiddisch wäre die den jüdischen Witzen einzig gemäße Sprache. Denn aus dem Jiddischen der Ostjuden stammen die meisten Geschichten, im Jiddischen wurden sie gleichsam geboren, jiddisch wurden sie weitererzählt. Sie heute so zu erzählen wäre kulturhistorisch richtig und doch falsch. Falsch deshalb, weil man sie kaum verstehen würde. Auch Deutschsprachige hätten große Schwierigkeiten: Zwar ist die Wurzel des Jiddischen das Deutsche, aber es sind doch mittelhochdeutsche Dialekte.

Salcia Landmann, die mit ihrem Bestseller ein Standardwerk geschaffen hat, bevorzugt das Hochdeutsche. Wohl in der guten Absicht, mit dem jüdelnden Jargon die Gefühle der Juden nicht zu verletzen. Leider verlieren die Geschichten dabei allen Saft und alle Kraft.

Verglichen mit Deutschland hieße das, einen Witz,

der dem speziellen geistigen Klima des Sächsischen entstammt, auf hochdeutsch zu erzählen. Und das käme einem Mord gleich. Wenn Paul Dätzsch sich auf der Hochzeitsreise die dritte Fruchtbrause bestellt und dem strafenden Blick seiner jungen Frau mit den Worten begegnet: »Nu mache dich nich mausj, meine Gleene, ich bin nun mal eene Rennesangsnadur!«, so ist das nur im Dialekt denkbar.

Blau: »Haste mer gefragt, was is Relativität, wer' ich dir erklären. Also: sitzte mit'm nackten Toches [Hintern] auf'm gliehenden Ofen, wirste denken, ne Sekunde is ne Stunde. Sitzte aber neben 'n hibschen Mädchen, is ne Stunde ne Sekunde.« Grün: »Und mit die Schmonzes [dummes Zeugs] is der Einstein beriehmt?« Man übersetze diesen Dialog über Physik, und das Lachen wird einem vergehen.

»Sein Se happy hier?« fragt Silberstein in New York den emigrierten Freund. Antwortet der: »Happy ja, aber nich glücklich!«

»Finf Pfund für a Bootsfahrt soll'n dir nich zuviel sein«, sagt der Bootsvermieter am See Genezareth zum Siegfried Levy. »Is schließlich der See, wo der Herrgott is zu Fuß riebergeloffen.« Meint Levy: »Kein Wunder bei die Preise.«

Das sind zwei weitere Beispiele dafür, daß, wenn man jüdische Witze schon nicht erzählt, im richtigen Tonfall und mit der Gebärdensprache wenigstens die Partitur einigermaßen stimmen sollte. Für Kenner rasch das entsprechende Stichwort: Vater hat Sohn von Krakau in ein vornehmes Schweizer Pensionat gebracht, damit er sich das Jüdeln abgewöhne und ein reines Deutsch spreche. Nach einem Jahr macht er sich auf nach Zürich, um sich nach den Fortschritten des kleinen David zu erkundigen. Sagt der schweizerische Internatsdirektor, indem er den Oberkörper hin- und herwiegt und die Handflächen nach oben hält: »No, wos wird es machen, das Dovid'l, glücklach wird es sain hier.«

(Die deutsche Variante: Der kleine Hermann wird ins Hannoveranische verbracht, damit er sich dort das enervierende Kölsch abgewöhnt. Auch hier Besuch des Vaters nach einem Jahr, Schuldirektor ruft aus dem Fenster: »Hermännche, häsde e Minütche Zeit, dinge Vatter us Kölle is do.«)

Der jüdische Witz ist, ähnlich wie der Flüsterwitz in der Nazizeit und in den Staaten des Ostblocks, vornehmlich ein Produkt des Widerstands. Mit ihm gab den Juden ihr Gott zu sagen, worunter sie litten: unter der Rechtlosigkeit im Zarenreich, unter den Verfolgungen, unter den grausigen Pogromen. Der Witz wird zur Schleuder des David gegen den Goliath des allmächtigen, alles unterdrückenden Staates. Es ist die einzige Waffe des Wehrlosen und gleichzeitig eine Wunderwaffe. Auch wenn der Feind damit in realiter nicht besiegt werden kann, der moralische Sieger bleibt der Geschundene. Moralischer Sieger bleiben aber heißt, sich die Selbstachtung bewahren, heißt überleben können.

Der KZ-Kommandant sagt zu dem zum Tod im Stehbunker verurteilten Juden mit der Häftlingsnummer 324: »Ich gebe dir noch eine Chance. Wenn du sie nutzt, kannst du zurück in die Baracke. Also: Ich habe ein Glasauge. Welches ist es, das rechte oder das linke?« – »Das rechte«, sagt 324 auf Anhieb und rettet damit sein Leben. In der Baracke wollen die Mithäftlinge von ihm wissen, wie er das so schnell herausbekommen habe. Meint Nr. 324: »Nu, es blickte so gietig.«

Berlin, 1933. Im Romanischen Café sitzen sich Ostrowitzer und Cohn in tiefem Schweigen gegenüber. Meint Cohn nach einer Weile: »Dieser Moses, großer Gott, was war er doch fier e Rindvieh, e großes.« Ostrowitzer befremdet: »Sprichste von unserem Propheten?« – »Eben von dem.« – »Warum soller sein e Rindvieh, hat er uns doch aus Ägypten rausgeführt.« Seufzt Cohn tief auf: »Wenn er nich, hätt' ich jetzt 'n englischen Paß.«

Dem Blau und dem Grün ist es nach einer qualvollen Odyssee gelungen, den in Frankreich einrückenden deutschen Truppen zu entkommen und das rettende England zu erreichen. Man sperrt sie in ein Flüchtlingslager an der Südostküste. Die Unterkünfte sind halb zerfallen, in den Betten nisten Wanzen, und das Essen, na also das Essen ist geradezu eine Beleidigung. Legt der Grün hörbar den Löffel neben den Teller mit dem, was sich Irish stew nennt, und sagt, wobei er die Hände resigniert fallen läßt: »Aber de Meere beherrschen . . .«

Ein Jahr später sind die beiden in New York. Nach der Beerdigung von einem ihrer Leute promenieren sie über den Friedhof und geraten in die Millionärsecke. Hier liegt alles, was zu Lebzeiten Rang und Dollars hatte. Vergoldete Engel schweben, carrarischer Marmor schimmert, Bronzekandelaber und ein Meer von Blumen. Blau, der sich aus den Tabakkrümeln in seiner Manteltasche eine Zigarette dreht: »Wie se leben, wie se leben.«

Kenner behaupten, daß jüdische Witze das Fundament und die Krone *aller* Witze seien, ja, daß bereits der Begriff »Jüdischer Witz« nichts weiter sei als eine Tautologie, eine überflüssige Häufung gleichbedeutender Begriffe, ein weißer Schimmel also. Daran ist bei aller scheinbaren Anmaßung viel Wahres. Denn diese Witze waren nie Witze um ihrer selbst willen, wie man sie bei andern Völkern zu Hunderten findet. In ihnen steckt Weisheit, Resignation, ein gehöriger Schuß Psychologie des Alltags, Menschenkenntnis und Menschenliebe. Sie sind deshalb imstande, sich von der betreffenden Situation zu lösen und allgemeingültig zu werden. Allgemeingültig für Engländer, Franzosen, Italiener, Deutsche, Russen, Schweizer, Österreicher, ja für die Menschheit überhaupt.

Die Voraussetzung dafür ist allerdings, daß sie gut sind und daß sie echt sind. Keine Auch-Judenwitze dürfen es sein, die der jüdischen Mentalität hohnsprechen, weil sie geistlos sind, platt, kalauernd oder zotig. Frau-Raffke-Witze haben in den einschlägigen Sammlungen nichts zu suchen, Sexwitze und Zoten schon gar nicht, auch keine Scherze über die Schwiegermutter oder den zerstreuten Professor. Liebhaber leiden körperlich, wenn sie in sogenannten »Jüdischen Witzsammlungen« der Theaterbesucherin begegnen, die während einer *Traviata*-Vorstellung strickt (»Was, dabei können Sie stricken?« – »Och, das bißchen Musik stört mich nicht«), oder dem Hauswirt, der die Wanzenbeschwerde des Mieters mit den Worten kontert: »Haben Sie Kolibris erwartet?!«

Es gibt für jeden wirklich guten Witz ein untrügliches Kriterium: die Zitierfähigkeit seiner Pointe. Wenn sich also die auf eine ganz bestimmte Witzsituation zugespitzte Pointe auch bei anderen Gelegenheiten des täglichen Lebens verwenden läßt, dann haben wir es mit einem klassischen Witz zu tun. Der Säulen-schon-Scheiße-Witz zum Beispiel stieg nach seinem Import zum geflügelten Wort auf in berlinischen Theaterkreisen. Er wurde immer dann angewandt, wenn Hohles-Hehres sich mit Langeweile paarte, wie das hierzulande so häufig üblich ist, weil man der unausrottbaren Meinung ist, daß nur Anstrengendes bildet.

Im Jüdischen finden sich von diesen Klassikern die meisten und die besten. Was, wie bereits betont, auf ihre Allgemeingültigkeit zurückzuführen ist. Meyerowitz erwähnt, daß manche Juden große Virtuosen waren im Zitieren der allgemein bekannten Pointen im richtigen Moment, ja, daß ganze Unterhaltungen durch diese Pointenzitate bestritten wurden.

Als Beispiel bringt er die in den meisten Sammlungen enthaltene Geschichte von dem Patienten, dem der Arzt eine Urinanalyse verordnet hat. Er geht zum Apotheker, will sein Fläschchen abliefern, als er aber den Preis für die Analyse hört, sagt er: »Nein, danke. Ze teier!« Ein paar Stunden später ist er mit dem Fläschchen wieder da: »Hab ich's mir ieberlegt.« – »Befund negativ« erfährt er am anderen Tag. Erleichtert fragt er den Apotheker, ob er die gute Nachricht gleich von hier aus seiner Familie durchtelefonieren dürfe. Aber bitte schön, meint der Apotheker und hört erbleichend, was der Mann seinen Leuten zu sagen hat. »Sarahleben, ich bin gesind, du bist gesind, de Ruth is gesind, 's Jakoble is gesind, unser Lumpi is gesind, die Mieze is gesind.«

». . . die Pointen, im rechten Augenblick unter Kennern zitiert, werfen dann ein unerbittliches Schlagwort auf menschliche Schwächen und Beweggründe. Eine Berliner Bankiersfamilie hatte damit geprunkt, daß ein damals sehr moderner Maler jedes einzelne Familienmitglied porträtieren werde. Schließlich wurde aber nur ein Gruppenbild daraus, nach Tizian-Tintoretto-Manier. Als der Schinken nun den Gästen vorgeführt wurde, zitierten spontan mehrere Besucher die obige Pointe: ›Ich bin gesind, du bist gesind . . .‹«[54]

Unter diesem Signum lassen sich ganze Pointen-Kategorien aufstellen, die für bestimmte Situationen und Lebensbereiche angewandt werden können. Sozusagen als Lebenshilfe. »Wie se leben, wie se leben« ist beispielsweise stets anwendbar bei gesellschaftlichem Aufwand, der so sinnlos ist wie protzig.

Und was sagt man zu Leuten, die einen Jaguar fahren und noch nicht mal das Geld für ihre Zweizimmer-Altbauwohnung aufbringen können? Man sagt das, was Chaim Lewinsky sagte angesichts eines Gemäldes von Matthias Grünewald, die Heilige Familie im Stall zu Bethlehem darstellend. »Kein Dach iebern Kopf, keine Feuerung, kein Bett und keine Windeln, aber von Grünewald malen lassen . . .«

Der Pavarotti singt in der Stadthalle, und der Mann an der Vorverkaufskasse erfährt, daß Parkettloge fünfunddreißig Mark kostet. Nein, das kann er nicht zahlen, und das will er nicht zahlen, geht er wieder nach Hause, betrübt, verärgert, verbittert. Ihm ist nichts eingefallen, um seinem Herzen Luft zu machen. Muß er also verdrängen. Wieviel besser dran war doch da Salomon Tulpenfeld aus Krotoschin, den es an einem schönen Wochenende nach Wien verschlagen hatte. Natürlich will er in die Oper, und da kostet der billigste Platz zwanzig Mark. »Hob ich mer verheert?« fragt Salomon. »Wenn Sie zu Adelina Patti wollen [eine damals weltberühmte Sängerin], kostet das nun mal einen Zwanziger«, antwortet die Kassiererin hochnäsig. Darauf Salomon: »Sein Se meschugge? Ich will se doch bloß hören.«

Sensation am Montblanc: Auf einem von Gipfel zu Gipfel gespannten Drahtseil steht, unter sich die mörderische Tiefe, ein Mann mit einer Geige und spielt das Violinkonzert in D-Dur, Opus 61, von Ludwig van Beethoven. Kommentar des gebannt lauschenden Ruben Goldbaum: »E Menuhin is es keiner.« (Anwendbar gegenüber künstlerischen Leistungen, die sich mehr durch Technik auszeichnen als durch Seele.)

An den hohen Feiertagen wie Pesach (erinnert an den Auszug aus Ägypten), Jom Kippur (Versöhnungstag), Chanukka (Einweihungsfest), Schawuot (Laubhüttenfest) ging der fromme Jude selbstverständlich in die Synagoge. Die Chasan, die Synagogenvorsänger, standen in diesen Tagen in hohem Kurs. Um die berühmten unter ihnen riß man sich förmlich und bot ihnen hohe Summen.

Der Baron Rothschild in Paris ließ sich zu Jom Kippur extra aus Wilna den allseits bekannten Vorsänger Aaron Krepitzer kommen. Kommt nun am Vorabend der Krepitzer und verlangt vom Baron die Hälfte seines Honorars als Vorschuß. Rothschild verwundert: »Krepitzer, was is, morgen haben Se die ganze Summe. Und trau'n werden Se mer doch?« Sagt der Vorsänger: »Natierlich seiter mer gut fürs Ganze, aber wissen Se«, und er faßt sich mit der Hand an die Stelle, wo bei ihm die Brieftasche sitzt, »es singt sich besser.« (Anzuwenden bei allen Gelegenheiten, bei denen es gilt, einen Vorschuß zu begründen. Verfasser hatte damit bei Verlegern und

Chefredakteuren schon beachtliche Erfolge. Es sang, sprich, schrieb sich wirklich besser.)

Ein Neger, der in der New Yorker Subway eine hebräische Zeitschrift liest, hört, wie jemand halblaut in seinem Rücken sagt: »Neger alleine genügt wohl nicht?!« (Eine Pointe, bei der die Tragik die Komik überwiegt. Zitiert wurde sie trotzdem, und zwar immer dann, wenn ein Unglück nicht allein kam.)

Noch einmal Rothschild. Zwei Schnorrer klopfen an die Tür seines Palais. Einer wird eingelassen vom Diener, kehrt aber nach wenigen Minuten mit leeren Händen zurück. »Nu?« fragt der andere, baß erstaunt, weil das bisher noch nie vorgekommen ist. Die Antwort: »Pleite is er nich, aber knausern muß er, der Baron. Hab ich gesehen im Salon spielen zwei auf einem Klavier.« (Immer passend bei Leuten, von denen man weiß, daß sie nicht mehr so gut betucht sind wie einst. Die spielen auch schon zu zweit auf einem Klavier.)

Die Schnorrergeschichten sind Legion im Jüdischen. »Schnorrer« heißt laut Brockhaus schlicht »Bettler«. Jeder echte Schnorrer aber wäre wegen dieser Definition tief beleidigt. Er schätzt sich viel höher ein, nämlich als das Gewissen der Reichen, das sie mahnte, und als ihr Alibi, das sie sich durch milde Gaben verschaffen konnten. Außerdem war es eine Mizwa, ein religiöses Gebot, ihnen etwas Gutes zu tun. Mit entsprechender Chuzpe traten sie deshalb auch auf. Es schnorrten nicht nur die berufsmäßigen Bettler, es schnorrten der Talmudstudent, der Durchreisende, der blutjunge, viel zu jung verheiratete Bräutigam, der arme Verwandte.

Vielleicht der schönste dieser Gattung: Reicher Kaufmann trifft in der Synagoge armen Durchreisenden und nimmt ihn mit in sein Haus. Er wundert sich etwas, daß ihnen ein junger Mann folgt, daß sich der junge Mann zusammen mit dem Durchreisenden an den Mittagstisch setzt, aber er sagt nichts. Beim Abendessen dasselbe Bild: Beide Gäste, der gebetene und der ungebetene, widmen sich so intensiv wie schweigend den aufgetragenen Köstlichkeiten. Schließlich nimmt der Hausherr den Durchreisenden diskret zur Seite und fragt, indem er unauffällig auf den Jüngling zeigt: »Se wer'n verzeihen, aber wer is das?!« Der Schnorrer: »Der? Der is bei mir in Kost.«

Oder: Schnorrer bittet den Bankier Fürstenberg um ein, selbstverständlich verlorenes, Darlehen von tausend Reichsmark. Der Bankier lehnt das ab, erklärt sich aber bereit, dem Bittsteller an jedem Ersten fünfzig Reichsmark zukommen zu lassen. »Und das, solange ich lebe.« Der Schnorrer skeptisch: »Zu Ultimo könn' Se tot sein, bei dem Glick, wo Sie haben.«

Eine andere umfassende Abteilung jüdischen Witzes sind Geschichten über den Schadchen. Der Schadchen ist ein Mann, der berufsmäßig Ehen stiftet. Doch ist der Unterschied zwischen einem Schadchen und einem Eheanbahnungsinstitutsleiter (was für ein Wort) ungefähr so groß wie zwischen dem Schnorrer und dem gewöhnlichen Bettler. Zu ihm *konnte* man nicht hingehen, zu ihm *mußte* man hingehen. Die jungen Juden und die jungen Jüdinnen Osteuropas pflegten nicht »aus Liebe« zu heiraten, sondern »aus Vernunft«. Und diese Vernunft mußten sie den Eltern beziehungsweise dem Schadchen überlassen. Die Eltern waren der Meinung, daß eine Eheschließung eine viel zu ernste Sache sei, als daß man sie verliebten Leuten überlassen könne.

Sie hatten längst herausgekriegt, was C. G. Jung erst viel später erkennen sollte: daß Verliebtheit nichts anderes ist als ein Zustand partieller Verblödung unter Ausschluß des Werturteils. Die Ehen, die auf diese Weise gestiftet wurden, waren vielleicht weniger glücklich als die Liebesheiraten unserer Zeit, dafür hielten sie länger. Wer das Musical *Anatevka* gesehen hat und sich des Milchmann Tewjes späte Liebeserklärung an die seit fünfundzwanzig Jahren mit ihm verheiratete Golde erinnert, weiß, wovon hier die Rede ist (»Was fiehlst du eigentlich fier mich? Golde, ist es Liebe? Wir sahen uns zur Hochzeit das allererstemal, ich war scheu, ich war ängstlich. Unsre Mütter, unsre Väter sagten, Liebe kommt erst später . . .«).

Der Schadchen war nun keineswegs ein Ganew (Dieb), ein Menuwel (Ekel) oder ein Chammer (Esel), wie er so oft dargestellt wurde. Seine Tätigkeit stand im Einklang mit den Gesetzen, und der jüdische Gott war's auch zufrieden. Außerdem war es ein schwieriges Amt. Die Ansprüche seiner Klienten standen oft in starkem Kontrast zu dem, was sie anzubieten hatten. Entweder fehlte es an Geld, an der Tugend oder an der Schönheit (Reihenfolge ist hier Rangfolge), und bisweilen fehlte es an allen dreien zugleich. Auch ist es nicht immer leicht, ein junges Mädchen unter die Haube zu bringen, das »ein ganz klein wenig schwanger« ist und einen jungen Mann, der nicht nur am Sabbat nichts tut. (Der Sabbat, der siebte Tag der Woche, beginnt am Freitag, fünfundvierzig Minuten vor Einbruch der Nacht, an ihm herrscht strenges Arbeitsverbot.)

Naftali Katzenstein stellt geradezu lächerliche Forderungen in bezug auf seine Kalle (Braut). Reich soll se sein, und tugendhaft soll se sein, und hübsch soll se sein, und aus guter Familie auch noch. Dabei ist er selbst ein ziemlicher Miesnik. Sagt der Schadchen: »Wenn se reich is und brav is und scheen is, mißt' se meschugge sein, wenn se dir nimmt, Katzenstein.« Darauf Naftali: »Meschugge darf se sein.«

Der Schadchen hat die Sally Friedenthal aus Meseritz eine Stunde lang über den grünen Klee gelobt. Zum Schluß sind auch die Eltern des Bräutigams davon überzeugt, daß es sich hier um eine gute Partie handelt. Da platzt eine Tante der Bräutigamsverwandtschaft herein und meldet atemlos: »Hab ich eben gehört, daß die Sally eine is, wo hat gehabt ein Verhältnis mit halb Meseritz.« Darauf der Schadchen (in einer Mischung aus Verzweiflung und Toleranz): »Wie groß ist schon Meseritz.«

Und noch einen: Schlome Mandelstam hockt beim Heiratsvermittler und hat miese Laune. Keine Frau paßt ihm, an jeder hat er etwas auszusetzen, er krittelt, mäkelt, meckert. Der Schadchen blättert nervös in seinen Unterlagen, wer käme denn da noch in Frage, richtig, die Esther aus Pinne bei Neustadt, hat er ja total vergessen, schlägt er also die Esther vor, und nun wird sich folgender Dialog entwickeln:

Schlome: »Die soll häßlich sein wie e Vogel.«

Schadchen: »Wär ich froh, wenn ich Sie bin. Scheene Frauen haben keine Treue.«

Schlome: »Mitbringen wird se auch nischt.«

Schadchen: »E Kalle mit Geld hat bloß Anspriche.«

Schlome: »Und der Tate [Vater] zweimal pleite, nu?«

Schadchen: »Se heiraten nich den Vater.«

Schlome: »Nu, nu. Und wos is mit ihrem Ast [Bukkel]?!«

Darauf der Schadchen, bitter: »Wenn se haben darf gar keinen Fehler . . .«

Im 12. Jahrhundert hatte man in den meisten europäischen Ländern die Juden aus dem Großhandel verdrängt. Die zunftmäßig organisierten Handwerksbetriebe waren ihnen verschlossen und der Erwerb von Grund und Boden untersagt. Um sich am Leben zu erhalten, blieb ihnen nur der Handel mit Trödel und der Handel mit Geld. Da sie ein Talmud-geschultes Köpfchen besaßen, brachten sie es beim Handel zu großer Meisterschaft. Wer ein Haus kaufen wollte oder einen Acker, eine Frau oder einen Feind, wem das Geld für die Hofhaltung fehlte, für eine Mätresse oder einen Krieg, ging zum Juden. Er nahm Geld bei ihm auf und zahlte Zinsen, die er Wucherzinsen nannte. Manchmal zahlte er sie zurück, und manchmal erschlug er den Juden. Immer aber machte er Witze über des Juden »Habgierigkeit«, über seine »teuflischen Manipulationen«, über seine »schamlosen Betrügereien«.

Die Juden selbst erfanden zu diesen – antisemitischen – Witzen, wie üblich, ihre eigenen Witze hinzu, und so kam es, daß das kaufmännische Milieu zur reichsten Fundgrube jüdischen Lachens wurde.

»Sie sehen mies aus, Pratschkauer.«

»Isses e Wunder? Kleine Umsätze, große Kosten, kein Tag vergeht, an dem ich nich zubuttere.«

»Denn machen Se doch Ihren Laden zu.«

Pratschkauer empört: »Und von was soll ich leben?!«

Auf dem Jahrmarkt. Zigeunerin liest Jossel aus der Hand. »Ich sehe schwarze Schatten am Monatsende. Es hat was mit einem Geschäft zu tun. Das Geschäft wird kaputtgehen. Ja, traurig, der Herr wird Bankrott machen.« Jossel wirft ihr eine Goldmünze in die Schürze. »Soviel Geld für eine schlechte Nachricht?!« wundert sich die Zigeunerin. Meint Jossel: »Die Nachricht ist mies, aber die Idee ist goldwert.«

Die Begegnung der beiden Holzhändler auf dem Bahnhof von Warschau nimmt mit ihrem hintergründigen Dialog den Surrealismus vorweg und stößt in die Bereiche des Metaphysischen vor. »Wohin fährste?« – »Nach Lodz.« – »Wenn de Lodz sagst, soll ich denken Litowsk. Weiß ich aber zufällig, daß du tatsächlich nach Lodz fährst. Also, warum lügste?«

Es gibt noch eine ganze Reihe anderer Lebensbereiche des Jüdischen, in denen Witze mit dem Duft feinster Spätlese wurzeln. Welch funkelnder Geist bei den Auseinandersetzungen der dialektisch geschulten Talmudisten mit den Wunderrabbis der ostjüdischen Mystiker, den Chassidim. Welche Komik in den Zahlspielereien, mit denen die Kabbalisten den Text der Bibel auslegten. Welch genüßlicher Spott über die Rabbiner, wenn ihnen bei der Klärung ritueller oder rechtlicher Fragen der Talmud nicht mehr half. Und welche Ironie bei den Versuchen der Gemeinden, ihren Rabbi zum, im wahren Sinne des Wortes, *wunder*vollsten Rabbi zu machen.

Viele dieser Witze sind köstlich, sie haben nur einen Fehler: Man kann allenfalls dann über sie lachen, wenn man die Voraussetzungen kennt. Das heißt: Man muß sie erklären. Ein zu erklärender Witz aber ist ein toter Witz. Er ist nichts weiter als ein Museumsstück. Nicht umsonst überwiegen in den einschlägigen Sammlungen an diesen Stellen Fußnoten und Kleingedrucktes den eigentlichen Text.

Und doch gibt es aus der Kategorie der Rebbe-Witze (Rebbe ist das jiddische Wort für Rabbiner) einige, deren Pointe so schlagend ist, daß sie vorhergehende Erklärungen weitgehend überflüssig machen. Dazu gehört der bekannte Anstatt-Witz, der vom Osten aus seinen Weg in zahlreiche andere Länder angetreten hat.

Ein mit Kindern bereits reichlich gesegnetes Ehepaar fragt Rabbi Löw, was gegen weitere Empfängnis zu tun sei. Der Rebbe verspricht zu *klären* (darüber nachzudenken). Nach einer Woche angestrengten Nachdenkens hat er geklärt. Er verkündet dem Ehemann: »Iß jedesmal einen grünen Apfel.« Fragt der Ehemann: »Vorher oder nachher?« Der Rebbe: »Anstatt!«

Auch der Streit zwischen den Angehörigen dreier ostjüdischer Gemeinden, welcher von ihren Rabbis der Größte sei, findet sich in anderer Munde. Wobei die Rabbis durch Bürgermeister ersetzt sind oder durch Pfarrer (in Deutschland auch durch Schmitz aus Bonn, Schmitz aus Düsseldorf, Schmitz aus Köln).

Der erste: »Unser Rebbe war neulich in Washington, schlendert am Weißen Haus vorbei, da wird sich die Tür öffnen, Präsident Roosevelt stürzt heraus, bittet den Rebbe herein, macht ihm heftige Vorwürfe, daß er sich nicht hat angemeldet. Nu, was soll ich weitererzählen, vierzehn Tage hat er dableiben müssen und der Präsident geschluchzt, als er zerickmuß nach Polen.«

Der zweite: »Nebbich so was. Wurde der Georg VI. in London gekrönt, na unser Rabbi ist zufällig da, wundert sich über die vielen Menschen, plötzlich hält eine Staatskarosse, man bittet ihn einzusteigen, fährt ihn zur Westminster Abbey, dort steht der Erzbischof mit der Krone in der Hand, hat schon einen ganz lahmen Arm. Wie er unseren Rebbe sieht, sagt er aufatmend: ›Nu können wir ja endlich anfangen mit dem Krönen.‹«

Der dritte (hat mit geringschätziger Miene den beiden anderen zugehört, gähnt gelangweilt): »War unser Rebbe vorige Woche in Rom, steht er auf dem Petersplatz rum zwischen all die Leut, wird der Papst in seiner Sänfte vorbeigetragen. Wie er den Rebbe sieht, befiehlt er zu halten, sagt: ›Rebbe-Leben, tun Se was Gutes, und setzen Se sich neben mich, ich rick auch ein Stickel.‹ Der Rebbe ist ein freundlicher Mensch, tut er dem Papst den Gefallen. Wie se nu die Stufen zum Petersdom raufgetragen werden, das ganze diplomatische Corps steht dort, die flüstern miteinander und fragen und wundern sich, der Rebbe versteht erst nich, dann versteht er doch. Se fragen: ›Wer ist der Goi [Nichtjude], wos neben Reb Jankel sitzt?‹«

Zum Schluß der Witz aller jüdischen Witze, das Nonplusultra einer ganzen Gattung.

Aaron Kronengold trifft Levi Sonnenblum: »Hab ich geheert, daß dein Sohn sich hat taufen lassen. Was wirste sagen, wenn de einst stehst vor unserem Gott und er wird fragen: ›Sonnenblum, wird er fragen, wie konnstes zulassen, daß dein Sohn wurde e Christ?‹«

Kronengold: »Werd ich sagen: ›Und Ihr Herr Sohn?‹«

Der jüdische Witz starb mit den Juden Osteuropas. So sagt man. Weil nirgends in der Welt mehr jenes spezifische Milieu existiert, in dem allein er immer wieder aufs neue entstehen konnte. Es gibt deshalb, wenn man so will, nur noch alte jüdische Witze. Diese alten aber werden, sofern sie gut sind, jung bleiben. Ewig jung. Evergreens.

Verzeichnis der Quellen und Abbildungen

1 Pierre Daninos: Le tour du monde du rire. Paris o. J.
2 Michael Titze: Heilkraft des Humors. Freiburg 1985.
3 The English Laugh. English Association Presidential Address. July 1950.
4 John Bourke: Englischer Humor. Göttingen 1965.
5 Rudolf Walter Leonhardt: 77mal England. München 1967.
6 David Frost/Antony Jay: Für England – herzlichst. Zürich 1968.
7 Aus: Etikette international. München 1963.
8 David Frost/Antony Jay, a.a.O.
9 Sheperd Mead: Lebe wie ein Lord. München 1966.
10 John Bourke, a.a.O.
11 Aus: England vorwiegend heiter. München o. J.
12 Hans Weigel: Blödeln für Anfänger. Zürich 1963.
13 England, England über alles. Hrsg. v. Audrey Hilton. München 1958.
14 A. Witeschnik: Umgang mit Österreichern. Nürnberg 1955.
15 Rudolf Henz: Österreich. Nürnberg 1958.
16 S. Grill: Graf Bobby und Baron Mucki. München 1957.
17 Herbert Schöffler: Kleine Geographie des deutschen Witzes. Göttingen 1955.
18 Sigmund Freud: Der Witz und seine Beziehung zum Unbewußten. London 1940.
19 Hans Weigel: O du mein Österreich. Zürich 1967.
20 Herbert Schöffler, a.a.O.
21 Fritz Herdi: Schweizer Witz. München 1968.
22 George Mikes: Die Schweiz für Anfänger. Zürich 1964.
23 *Merian*. Das Monatsheft der Städte und Landschaften, 8/XI.
24 Hans Gmür: Zürich für Anfänger. Zürich 1956.
25 P. Dürrenmatt: Schweiz. Nürnberg 1962.
26 Pierre Daninos: Worüber die Welt lacht. Düsseldorf 1956.
27 ebd.

28 Kurt Tucholsky: Gruß nach vorn. Reinbek bei Hamburg 1948.
29 Gershon Legman: Der unanständige Witz. Hamburg 1970.
30 Jean Anouilh: Dramen. München o. J.
31 Margaret D. Senft: Umgang mit Schotten. Nürnberg 1959.
32 Leonid Wladimirow: Die Russen privat. Wien 1968.
33 Boris Bazarow: Im Prinzip ja. München 1970.
34 *Stern*, Hamburg, Ausgabe vom 15. September 1968.
35 Milo Dor/Reinhard Federmann: Der politische Witz. München 1966.
36 Heinz Schewe: Die Schnurren des Nikita C. Frankfurt/Main 1965.
37 Karikaturen aus der Sowjetunion. Hrsg. v. A. Frenz, C. Heinz und A. Sandmann. Kassel 1990.
38 Horst Teltschik: 324 Tage. München 1991.
39 Pierre Daninos: Worüber die Welt lacht, a.a.O.
40 Giovanni Guareschi: Don Camillo und Peppone. Reinbek bei Hamburg 1957.
41 Kurt Klinger: Ein Papst lacht. Berlin 1968.
42 Fritz Visser: Vom Bambino zum Vino. Starnberg 1962.
43 George Mikes: Komisches Europa. München o. J.
44 Wilhelm von Scholz: Das Buch des Lachens. München 1961.
45 Gershon Legman, a.a.O.
46 George Mikes: Komisches Europa, a.a.O.
47 F. H. Mösslang: Deutschland, deine Bayern. Hamburg 1969.
48 Der Besser-Wessi. Hrsg. v. I. Serwuschok und Ch. Dölle. Leipzig 1991.
49 *Süddeutsche Zeitung*, München, 7. Dezember 1991.
50 George Mikes: Nimm das Leben nicht zu ernst. Düsseldorf 1971.
51 Salcia Landmann: Der jüdische Witz. Olten 1962.
52 Jan Meyerowitz: Der echte jüdische Witz. Berlin 1971.
53 Kurt Tucholsky: Na und? Reinbek bei Hamburg 1950.
54 Jan Meyerowitz, a.a.O.